別怕，祂都在。

與耶穌一起贏得心靈爭戰，
活出你的得勝人生。

DON'T
GIVE
THE ENEMY
A SEAT
AT YOUR
TABLE

美國重量級牧者
LOUIE
GIGLIO
路易·紀里歐——著

張瓅文——譯

目錄

牧者、傳道人一致好評

如果你正與洩氣的想法拉扯，路易牧師的這本書將會幫助你找到聖經中解放心靈的真理，讓你擁有上帝希望你過的生活。

——克雷格．葛洛契爾（Craig Groeschel），**生命教會**（Life.Church）**主任牧師**

路易是帶著希望寫作，向需要透過耶穌獲得勝利的疲憊心靈訴說自由。這是一本值得一讀再讀的寶藏書。我已經等不及讓你讀它，見證生命的改變！

——麗莎．特克斯特（Lysa TerKeurst），**福傳機構「箴言**31**」總裁**

在你心中的盛筵只有兩個座位，一個是你的，另一個是耶穌的，如果還有第三個人存在，那就是外人了。這就是本書所要傳遞的重要訊息——你無須邀請敵人入座。如果你允許魔鬼跟隨，並且讓他成為你思緒上的第三個輪子，那你的命運肯定會偏離正軌。讓路易告訴你要如何讓敵人知道「沒有空位」，接著你會親自見證生活出現轉變。

——**利未&珍妮．魯斯寇**（Levi and Jennie Lusko L），**新生命教會主任牧師**

路易是這個時代的先知禮物，〈詩篇〉23篇則是不滅的真理。兩者結合如同吹響號角，將天國生活融入日常思想。作為每天從讀〈詩篇〉23篇開啟一天的人，這本書深深打動了我。

——**約翰．科默**（John Mark Comer），**橋鎮教會**（Bridgetown Church）**創會牧師**

本書是一個直接來自聖經改變世界、改變範式的訊息。

——**厄爾．麥克倫**（Earl McClellan），**海濱城市教會**（Shoreline City Church）**牧師**

這本書就是最棒的禮物！作者告訴我們要如何獲取及運用我們在基督裡的資源，讓內心重新恢復平靜，內容十分精彩。

——**克勞佛・羅瑞茲**（Crawford W. Loritts）

團契聖經教會（Fellowship Bible Church）**主任牧師**

本書無疑是當今世界的重要存在，充滿真理並鼓舞人心，幫助你奪回被敵人偷走的每一寸失地，帶你走向耶穌以死亡為你帶來的平靜、自由和勝利之境。

——**科迪&凱芮裘・卡內斯**（Cody Carnes and Kari Jobe Carnes）

葛萊美獎提名的敬拜歌手

我們都知道陷入自我挫敗的無限循環和不知從何解脫的挫敗感。這本充滿智慧且實用的書，引導讀者擺脫消極思維束縛、重新獲得快樂。強烈推薦！

——**伊恩・摩根・克隆**（Ian Morgan Cron），**《找到自己》作者**

本書要提醒我們在基督裡的身分——祂所贏的每一場仗也代表我們的勝利！路易讓我們看到上帝是如何邀請我們與祂建立關係，並在祂的餐桌上為我們保留一席座位，在此同時也贏得了你的思想之戰。

——**莎蒂．赫夫**（Sadie Huff），**暢銷作家、知名講者**

本書是智慧的深思與噴湧，路易將恩賜解答如實帶給讀者。

——**斯科特．李格伍德**（Scott Ligertwood），**美國知名福音歌手**

生命中最偉大的爭戰都是圍繞著思想之戰。我很感恩有這本書的存在，讓我們的屬靈砲彈裡裝滿著福音彈藥。路易，謝謝你在我們的思想戰場上，為眾人提供了堅守上帝榮耀所需的深度及可行性。

——**KB，美國知名敬拜藝術家**

本書將為你提供實用工具，使你的思想與神的真理一致，讓你充滿熱情與喜悅地完成神給你的目標。

——**克莉絲汀．凱恩**（Christine Caine），**暢銷作家、「A21運動」創始人**

在基督宗教的世界裡，很少有人能如此一針見血指出屬靈生活的現實面。本書內容不僅是鼓舞人心，更要準備與黑暗作戰！

——**約翰．林德爾**（John Lindel），**詹姆斯河教會**（James River Church）**主任牧師**

本書是一本成功指南，幫助每一顆受傷的心找到改變的希望。

——**凱瑟琳&杰伊．沃夫**（Katherine And Jay Wolf）
《在苦難中堅強》及《希望的治癒》暢銷書作者

我相信本書不只會讓你看清信仰，更會強化信仰。耶穌已經贏得最偉大的勝利，現在輪到我們為正確的思想而戰鬥，將目光停留在好牧人身上。

——提姆・提博（Tim Tebow），專業運動員、足球節目球評、作家

本書是為那些一直讓敵人佔據內心的人而寫。無論是憤怒、孤獨、沒安全感或對自己感到羞愧，該是時候踢走魔鬼，重新拿回屬於你的餐桌了。

——史蒂文・弗迪克（Steven Furtick），福音派牧師、紐約時報暢銷作家

專文推薦

一路從地上得勝到天上！

林呈旭牧師

這本書在講的是每個基督徒大概都能琅琅上口，也都在「頭腦知識」層面知道的一個重要「屬靈教導」，就是每位上帝的兒女，每天起床後都要面對的一場戰役，叫做「屬靈爭戰」。

這場戰役的詭異之處在於，你似乎無法以肉眼看見敵人是誰？在哪裡？也看不見牠正在以什麼武器對你發動攻擊，但你卻可以真實感受到一陣一陣襲來的恐懼、自責、控告、憤怒、沮喪、茫然及絕望（你可以把那些最負面的思想與情緒繼續接龍下去），有一些揮之不去的「想法」佔據你的心思意念，讓你整個人完全「被癱瘓」，雖然你的身體功能一切正常，但你卻似乎癱軟在那裡，無能為力！

你不斷想方設法要脫離這樣的困境，卻似乎動彈不得。還有更可怕的在後面，你曾經火熱地愛耶穌、服事主、服事人，但此刻忽然覺得：「我過去聽見主對我說話，會不會都是我自己的感覺？」、「我還要繼續相信上帝嗎？」、「我還要繼續禱告、讀聖經嗎？」、「我參加的每個聚會是否在浪費時間？」這樣的想法與情緒感受完全抓住了你，覺得似曾相似嗎？你會怎麼辦？

有些人誠實地告訴我，通常這時候他們會為自己建立一間個人的「安慰室」，想要逃離一切、逃離上帝、逃離魔鬼。我們常常以為那裡只有自己一個人，在進行自我療癒，但其實那是一個可怕的畫面：不是只有我們一個人，而是魔鬼在我們身邊，牠處心積慮要把我們關進牠精心設計的「牢房」，在那裡「偷竊」所有原本上帝要給我們的一切！牠要「殺害」、「毀壞」我們，讓我們從永生的路上轉向地獄，轉向自我毀滅的路。

路易．紀里歐牧師透過這本書告訴我們，我們有多麼容易聽信「謊言」、倚靠「自己」（包括靠著意志力想要勝過罪，卻重複地認罪、悔改，仍在掙扎）而在不知不覺中，讓仇敵吃盡了主原本預備給你的「豐盛筵席」，所以這本書不斷重複一句話（九字箴言）：你無須邀請敵人入座！

這本書是〈詩篇〉23篇的深度默想，除了讓我們看見耶穌這位愛我們、牧養我們的大牧人外，上帝也要讓祂的兒女們知道〈詩篇〉23篇5節所說的「在我敵人面前，你為我擺設筵席」的真正意義，若我們能好好讀完、讀懂這本書，你大概就會知道在「屬靈爭戰」中得勝的秘訣。我過去錯誤解讀這段經文時，覺得那畫面是「風蕭蕭兮易水寒、壯士一去兮不復還」，以為上帝讓我們面對挑戰困難、面對敵人時，就是給我們先吃頓滿漢全席，然後準備去壯烈犧牲。

你聽起來覺得這很可笑對嗎？但上帝的兒女們在壓力、風暴來臨時，還真的常常是這樣思考我們與主的關係。我們說要倚靠主、勝過仇敵，但其實我們內心總是被魔鬼灌輸一個謊言，就是「倚靠主沒用（也許小事有用），還是靠自己比較穩妥」。不知如何禱告、不知上帝旨意為何的結果，就是讓我們不知不覺中一直放大魔鬼的能力，然後縮小自己、縮小上帝。

讀完這本書，你會知道上帝為你擺設筵席的意義，就是祂渴望在風暴、壓力、甚至當你仍在一些罪中反覆掙扎，被魔鬼的控告與威脅折磨時，「主要與你同在吃頓飯、跟你說話」，那就是主幫助我們打贏屬靈爭戰的方式。不是靠著刀槍、不是靠著我們軟弱的「意志力」、也不是靠著聰明才智擬定戰略，而是「敬拜」！

這個簡單的真理，我們卻常常忘記，也忘記「主與我們同在」一直是整本聖經讓我們看見所有問題的解答。敬拜是為了支取上帝的同在，那包含了「奉耶穌的名禱告」、「熟讀聖經」，這是要打贏屬靈爭戰的基本動作，但要記得，這是上帝熱情邀請你的筵席，是上帝邀請你進入與祂同在的方式，而不是強迫入席。

讀這本書時，我還想到陸可鐸的《你很特別》這本童書。這本繪本的最後一頁最重要，就是全身被貼滿灰色標籤的主角，當他與木匠伊萊談話結束離開時，從他身上開始有一個灰色標籤掉落了！我每次看到這裡都會流淚，因為這就是我們最需要的，我們常常被這個世界的許多價值觀、他人所謂的成功、失敗的眼光所困住，我們一直在注意世界怎麼說、別人怎麼說，但卻常常忘記，主耶穌在祂為你預備的豐盛筵席上，祂怎麼說？

屬靈爭戰的戰場在「心思意念」，而魔鬼的武器從頭到尾都只有一個，就是「說謊」、「說謊」、「說謊」！魔鬼靠著欺騙與謊言擄掠我們。改教家馬丁路德博士曾經說過：「我們無法阻止飛鳥從我們頭上飛過，但卻可以拒絕牠在我們頭上搭窩築巢。」我們要打贏這場爭戰，最需要的就是滿有「恩典」與「真理」的耶穌基督（約1:14）。我很喜歡路易牧師在書中提到的「永遠專注地注視耶穌」！甚至在魔鬼對你咆哮、嘶吼時，都要繼續專注地凝視「主耶穌的寶座」！

不要讓謊言這個不速之客侵擾你與耶穌之間親密的關係。耶穌道成肉身來到這世界，正是不斷向我們啟示上帝無條件接納、捨己、饒恕我們的愛，這樣的恩典與真理，讓我們可以在基督裡以及祂為我們預備的身體（教會）裡，真正找到「價值感：我們是上帝寶血重價買贖回來的」、「歸屬感：我們歸屬於主、在教會愛的團契裡，不孤單！」與「能力感：奉耶穌的名禱告，命令仇敵離開！」。

這就讓我們可以持續在地上享受永生，一直到見主面的日子。一位懂得隨時敬拜主、聆聽聖靈聲音，並且堅持遵行上帝話語的基督徒，必然會成為得勝者，而且會一路從地上得勝到天上！

本文作者為台北真理堂主任牧師團隊

專文推薦

面對困境時的「使用手冊」

晏信中牧師

在非常忙碌的服事中接到了這份邀請來推薦此書，說實在的，我真的很難找出額外的時間來閱讀。正當預備要拒絕的時候，好像有一個感動，我想：試著先看看第一章吧！沒想到接下來真是欲罷不能，我似乎已經好久沒有讀一本書可以讀到這樣感同身受。

牧會的二十年中，我也經歷過好多人生風暴般的挑戰，但我相信，其實在這個世上的每一個人，都無一倖免地要面對生命的困境，甚至有時困境會大到一個程度，使人膽戰心驚、怯步向前。而當作者敞開描述他所面對的挑戰是這麼真實難解，或是根本無解時，他還能選擇帶著信心跟隨耶穌，而不是邀請魔鬼入座，那種「即使／我仍然」的信心再次帶人從絕望進入盼望。

作者藉由大家非常熟悉的〈詩篇〉23篇，帶領大家重新思考在敵人面前為我們擺設宴席的真理，進而辨識並打破我們生命當中可能會遇到的五種謊言，包含魔鬼的誘餌又是長什麼樣子、導致我們可能一步一步走入陷阱所帶來的罪惡感，當這一切被真實攤開在讀者面前，我們立即被同理而且有機會查驗自己當下所處的狀況，因而可以有一個反敗為勝的機會！

〈羅馬書〉5章3至5節說：「不但如此，就是在患難中也是歡歡喜喜的；因為知道患難生忍耐，忍耐生老練，老練生盼望；盼望不至於羞恥，因為所賜給我們的聖靈將神的愛澆灌在我們心裡。」

此書就好像是一本面對生命患難時的「使用手冊」，幫助我們走過每個階段，以至於老練並且進入盼望！

若你正面對困難而失望、甚至絕望，或是你期許你自己要成為一位生命鬥士，這本書非常適合你；當然，你若像我一樣是一位助人者，那麼這本書會是你非常需要的工具。

在這個動盪不安的世代，我們都很需要被引導來成為生命的得勝者。

本文作為Asia for JESUS共同創辦人暨副執行長
台北靈糧堂創意藝術媒體處處長

專文推薦

神的「我是」、「是我」的臨在

程若石神父

聖經中，梅瑟（摩西）對召叫他的神說：以色列人會問祖宗的神「祂叫什麼名字？」神對摩西說：「我是自有永有的。」（出谷紀／出埃及記3:13-14）這句話在英文版聖經是「I am who I am」，在拉丁文版聖經，神的回答是「Ego sum qui sum」，意即「『我是』就是『是』」，神是「我是」的神，但同時在每一天生活中，也能在各種境遇中，感受神不斷提醒「是我」！正如神所說：「我必與你同在！」（出3:12）

在今年（二〇二三年）二月二十六日，教宗方濟各敦促與提醒信徒不要與魔鬼爭論和談判。教宗說道；「耶穌戰勝了誘惑。祂是如何戰勝了誘惑呢？就是避免與魔鬼爭論，以天主聖言應對誘惑。這很重要：不要與魔鬼爭論和對話！」而作者路易．紀里歐牧師寫道：「敵人已在我身邊佔有一席之地，我還讓自己聽魔鬼的話。我決定要拿回主控權，魔鬼必須離開。」這也使作者與教宗方濟各的勸勉，互相輝映。

路易牧師一直鼓勵並倡導「正面、積極、熱情」面對生命，牧師所寫的「陰森山谷與困境時刻都只是道路上的部分景色，祂一直都與我同在，陪伴我度過每個不安的夜晚」，這就是體驗神「我是」、「是我」的臨在。這也是本書的主題「別怕，祂都在」的要義！「一旦意識到即使生活再難，耶穌依然邀請我們跟隨祂的腳步時，我們就會看見贏得內心爭戰的根本真理。」路易牧師如此寫道。

教宗方濟各曾寫道：「我們必須牢記，即使在艱辛和黑暗中，上主也會如同電光閃電一樣來臨。祂要照亮我們的生活。」我們也能在這本書中感受到神的「一直在」，也能使我們在任何困境中活出「我仍然」的信念。「仍然相信」、

「仍然跟隨」、「仍然歡喜」、「仍然感恩」、「仍然讚美」、「仍然去愛」，這一切「仍然」，使我們生命不會走向枯萎，而是活在主所許諾「更豐盛」（約10:10）的生命之中。

藉著〈聖詠〉（詩篇）23篇，我們一直知道主耶穌就是我們生命中的好牧人，那我們是否也是聽好牧人聲音的那一群好羊？教宗方濟各說：「牧人身上要帶有羊的味道！」也就是牧人一直與羊群同在！神與我們同在，神也為我們準備好了餐桌與豐盛佳餚，我們是否也願意與神同食共飲呢？

一個Podcast節目《程神父！方念華有問題》於二〇二一年七月開播，每個星期三在ＩＣ之音廣播電台播出一集，現已近九十集。當初，方念華主播戰戰兢兢提出這個構想，害怕我不願意一同製作，但我是一口就答應，原因就是本書中提到的「拿回自由」，不讓恐懼發言，不讓膽怯發言。教宗方濟各也不斷提醒我們：「離開自己的舒適圈，走出來！」讓我們勇敢走出舒適圈，奪回自由，奪回信賴，奪回答覆使命的勇氣。

各位朋友，神早已為我們準備了「餐桌與美食」，我們是否也能為神盡心全力「築壇」，讓我們能交託、敬拜、奉獻與感恩？

不要怕！

主臨在，主掌權，主為王，主得勝！

本文作者為華山救世主堂主任神父

專文推薦

天天與上帝同行

楊新造牧師

什麼是認識上帝、跟隨基督的人應該有的生命樣式和生活模式？在非基督徒的想像中，總認為「基督徒」應該有更高的道德標準，應該更少犯錯；甚至有些人會錯誤認為，基督徒的生命應該一帆風順、不會遇到困難。

本書作者路易．紀里歐是美國當代頗具影響力的牧師，他以自身在建立教會的過程中所遭遇到的挫折、沮喪、憤怒作為引子，帶領讀者一同學習如何面對生命中的各種爭戰並得勝。

一開始路易牧師從朋友傳來只有九個字的簡短訊息「你無須邀請敵人入座」得到提醒，是他自己讓對手——魔鬼——影響自己內心的聲音。接下來他從大家非常熟悉的〈詩篇〉23篇，特別是第5節「在敵人面前，你為我擺設筵席」得到新的啟發，他看見自己就像是坐在餐桌前，對面坐著的是好牧人，但敵人也正圍繞在桌子四周。他體認到自己或許無法阻止魔鬼在桌子四周徘徊，但他可以奉主耶穌的名，選擇不要讓敵人坐下。

本書作者透過〈詩篇〉23篇及許多聖經經文，引導讀者一步步讓自己的生命從魔鬼的控制、謊言中得到釋放和自由，能夠與上帝同桌，重新回到上帝對你生命的計畫中。

作者提醒，只要一有縫隙，敵人就會趁虛而入，所以必須奉主耶穌的名加以拒絕，不讓敵人有發言權；作者提出幾個敵人的致命謊言，讓讀者可以自我檢視，敵人是否已經入座；作者提供方法，讓人能夠正面迎擊有害的想法與誘惑，進而跳出罪的迴圈；作者提醒讀者，要預備好有力的禱告，抵擋錯誤的想法進入心中；作者也指出，若是敵人已經入座，那要記得來到上帝面前，領受消除內疚與羞恥的恩典；最後作者提醒，人的信仰和對上帝的認識，不應該只是一種知識，而是與上帝建立親近、真實的關係，時刻與上帝同行。

信仰不應該只停留在禮拜天和頭腦中，真實的信仰應該落實在生活和生命中，應該是天天與上帝同行的旅程。本書是作者深刻的生命體會和分享，可以幫助正在面對挑戰或陷入罪惡無法自拔的人們，一步步回到合上帝心意的道路上。謹向您推薦此書，願您的生命蒙福、得勝！

本文作者為雙連長老教會牧師

專文推薦

讓魔鬼離座吧！

葉啟祥牧師

台灣人很信鬼，卻不知道鬼的伎倆。鬼在聖經中就是「破壞者、恐嚇者和欺騙者」，牠最常也最厲害之處，不是裝成可怕事物嚇你，而是用謊言欺騙你！只要你存在一個錯誤的思想，你相信且接受這個思想成為你的信念，鬼就足以影響你、誤導你走上毀壞的人生。作者引喻說「在敵人面前祢（指耶和華）為我們預備筵席，但你如果相信了謊言，就等於讓魔鬼突然坐在你的生命筵席」，無法享受餐桌上美好的一切。

教會裡的信徒，有多少人被魔鬼的謊言所箝制，失去幸福的人生。「我的父母離婚，所以我的婚姻也會出問題」、「我考不上好的學校，所以我是沒有價值的人」、「我的媽媽早逝，所以我所愛的人有一天也會無預警離開我」、「媽媽總是對哥哥比較好，所以我一定要勝過所有男人」、「想要脫離一切的癮卻一犯再犯，所以信仰無法拯救我」……謊言讓人無法擺脫生命中的桎梏，就算信了耶穌仍無平安、喜樂與自由。

本書的作者路易．紀里歐牧師，透過這本書幫我們發現生命中隱藏在縫隙之間的撒但，牠潛伏於四周的謊言如同病毒，我們身體強壯時還好，一旦出現狀況，病毒就以千萬倍繁衍成為致命力量，攻擊我們到無法抵抗與動彈。作者提出的解藥「簡單、直接、有效」，只要說：「奉主耶穌的名，我要約束這想法！」這句話就是感冒的退燒藥，可以立刻退去魔鬼的思想病毒。

我們一定有能力，可以命令魔鬼離開座位，也可以邀請耶穌入座，享受得勝的人生，這乃是幾千年來，神的兒女們時時刻刻都可以做出的抉擇。

本文作者為中山長老教會牧師

專文推薦

領受神豐盛的祝福

鄭博仁牧師

《別怕，祂都在》榮登《出版人週刊》暢銷榜、美國Amazon書店基督教書籍榜冠軍，相信也會帶給台灣教會界很大的祝福！作者路易牧師在美國年輕世代當中有極大的影響力，並且特別關注弱勢群體，這些服事上的寶貴經歷，使得他的著作對讀者來說更是實際有效，因為是經過印證的！

作者以〈詩篇〉中的金詩——詩篇23為主題：「在我敵人面前，你為我擺設筵席；你用油膏了我的頭，使我的福杯滿溢。」以這段經文為核心，要我們領受神豐盛的祝福，與耶穌一起贏得心靈爭戰，活出得勝的人生。

本書共有十章，分別是作者提出的十個重點，我將我在閱讀各章時最有觸動的句子與感想列出來，與你分享：

- 改變人生的九個字——我要奪回主控權，魔鬼必須離開！
- 詩篇23的筵席餐桌——全能的上帝，你的好牧人，就在那裡，陪你一同面對困境。
- 搶位子的不速之客——你一不注意，敵人可能很快就坐進了牧羊人為你準備的盛宴席上。
- 識破敵人的致命謊言——主要打開你屬靈的眼睛，用信心的眼睛去看。
- 跳出罪的迴圈——定罪是通往失敗的未來，知罪是通往改變之路，順服才是上策，可以贏得內心之戰，過著勝利的生活。
- 獲得自由的心靈革命。離開罪的出口，就是遠離誘惑那扇門，求主不叫我遇見試探，救我脫離兇惡。
- 抓住每個想法——奉主耶穌的名，約束那些不是來自上帝的想法與思想。

- 消除內疚與羞恥的恩典——敵人用你的傷疤來定義你，耶穌則以祂的傷疤來定義你。
- 堅定看向榮耀的上帝——上帝偉大且無價，這就是神的榮耀，國度權柄榮耀都是屬於祂！
- 澆灌心靈的花園——我是由聖靈所派遣，執行上帝國度的任務，讓黑暗世界中的人可以看到耶穌！

最後，以這段經文祝福你：「弟兄們，我不是以為自己已經得著了，我只有一件事，就是忘記背後，努力面前的，向著標竿直跑，要得神在基督耶穌裡從上面召我來得的獎賞。」（腓立比書3:13-14）

本文作者為高雄武昌教會顧問牧師

感恩生命中的暴風雨，
讓你看清真正的朋友。

致傳簡訊給我的那位朋友：
本書的構想是來自你的簡訊內容。
感謝你讓上帝藉由你來改變我的生命。

第一章

改變人生的九個字

是時候拿回被敵人偷走的東西了

Don't Give the Enemy a Seat at Your Table

那是一種備受攻擊、遭到誤解、被遺棄、很受傷的感覺。

我和雪萊處在巨大風暴的中心，攻擊從四面八方襲捲而來，我的內心沉重且矛盾——身為領導者，這無疑是我們面對過最艱難的困境之一。

多年前，我們決定要在當地建立教會時，面對即將展開的旅程，有位友人就明確表示：這將會是你們一生中最困難的事情。

當下，我並未將這些話放在心上，我心想：「困難的事我們也沒少經歷過。」但現在，他的話在我耳邊迴盪。他說的一點兒沒錯。想在陌生的部落中建立教會，期望以此將眾人攏聚成大家庭，我實在太樂觀了（我以為在我一手打造的教會中，不會有像其他教會的內鬥），但誰知道我都已經活了五十年，經歷過大大小小的事情，眼前的挑戰依然不停在測試我的認知極限。

教會內部的鬥爭此刻正活生生上演著。激烈尖銳、個人攻擊、尖酸刻薄和挫折沮喪在我的生活中揮之不去，我甚至想直接打包走人。我不止一次在想，這樣做真的值得嗎？

在那場動盪的幾個月後，有天晚上我站在自家門前的車道上，忙著給我信任的朋友發簡訊。稍早前，某件事情證明了我先前的想法是對的。我一直都相信那句老話：**你不用時刻解釋自己的想法，時間會證明一切**。那天，我覺得時間就是在告訴全世界：我是對的。而且我也不打算保持沉默，我想讓別人知道我是對的。於是，我傳訊息給陪我一起經歷困境的友人。

這一刻終於來了。這訊息是一段充滿憂心與自證的長篇傑作，內容如下：

「你絕對不會相信剛剛發生什麼事了。我不是要說我是對的，但事實確實如此！你相信嗎？我的意思是，如果你願意再等等，時間會讓你看清一切，對吧？我的意思是，事情終於得到證明了……」

我按下送出，然後開始等待回音。完全不誇張。我緊盯螢幕，等待支持聲音響起，我想要得到他人真心地回覆說：「嘿，路易，**我支持你！我一直都相信你是對的！**」我想要一個可以依靠的肩膀、一個能跟你擊掌、碰拳（真的碰拳，不是表情符號）慶祝的人。我需要實際的回應，而且需要很多很多。

時間一分一秒過去，我等了又等。

※

我們先暫停一下，把焦點轉回到你身上。

你是否有發過類似的簡訊？

哪怕你沒建立過充滿挑戰的教會，但誰都經歷過被周圍的人事物壓迫的感覺，在高度緊繃的情況下，內心十分沉重，覺得自己成了箭靶。當你想要大力反擊或是放棄時，你會怎麼做？

你要如何贏得內心的爭戰？

改變事情的一句話

在你陷入矛盾與困惑時，如果能釐清思緒，或許就能找到解決之道，但要保持頭腦清醒並不是一件容易的事情。

或許你成了他人惡意言行的攻擊對象，也或許衝突是來自內部——你覺得自己遭到孤立與惡意攻擊，感到傷害、挫敗、衝動和迷茫；你的情緒低落，內心充滿壓力；你厭倦了與朋友、同事、家人、指控者沒完沒了的解釋與對話，因為最終時間會證明你才是正確的一方。

在這種時候，恐懼或絕望很容易趁虛而入。你發現自己不斷回頭、看看是否有人能拉你一把。你陷入情緒之中，你會怒不可遏，你會淚流滿面，這些黑暗想法的出現都很正常。尤其是當你在凌晨兩點盯著天花板時，你會多麼希望能掌控一切，讓他人與你步調一致，得到你想要的結果。你覺得自己已經無路可退，生活只剩下偏執，時刻處在高度防禦的狀態。

接著，你開始尋找盟友，希望有人能跟你想法一致，任何人都行。你希望聽到你故事的人都能感同身受、願意與你並肩作戰——這就是我站在門口車道上的心情。我盯著手機螢幕上轉動的小圈圈，看來有人正在回覆我的訊息。

請記住，我需要的回覆是與我投入的期待成正比。我渴望強大、肯定和團結的力量。我需要很多很多字。

訊息終於來了。但只有一句話，準確來說是只有九個字。當下愣住的我脫口而出說：「你在跟我開玩笑吧！」但當我看清內容後，這九個字改變了我的人生。訊息內容是：

你無須邀請敵人入座。

我暫時先放下心中的煩躁，努力理解訊息內容，隨即發現友人解決了我的難題。是我讓對手——魔鬼——影響了自己內心的聲音。

我並不是要跟誰起衝突。雖然是有人牽涉其中，但我真正要對抗的是這黑暗世代的執政者和掌權者（以弗所書／厄弗所書6:12）★。天父將我帶到這世上，並非要我害怕或偏執，我的牧羊人也未曾將絕望注入我的內心。追根究底，這些充滿傷害性的想法都是來自其他的「某些人」。

敵人已在我身邊佔有一席之地，我還讓自己聽魔鬼的話。就在家門前的車道上，我決定要拿回主控權，魔鬼必須離開。

在接下來的日子裡，我的腦海裡全是這九個字。一旦內心出現負面想法，我就會告訴自己：**你無須邀請敵人入座**。**不要順著敵人的想法**。**這些想法都不是來自值得信任的好牧人**。**儘管前進吧**。

不久後，我讀到了〈詩篇〉（聖詠）23篇——上帝子民在經歷波濤洶湧的考驗時，這段話一向都能安定人心。此刻我也親身經歷了這種感受，尤其是看到第5節的這句話：「在敵人面前，你為我擺設盛筵。」

我彷彿能看見自己坐在餐桌前，對面是好牧人，祂引導我穿越陰森山谷來到桌旁，即使眼前難關重重，我亦無須害怕。雖然這張桌子是為我而設，但不

★本書中的聖經名詞（如章名、人名等）在全書正文首次出現時，以基督新教、天主教之通用譯名對照的方式呈現，以便讀者閱讀。

敵人已在我身邊佔有一席之地，
我還讓自己聽魔鬼的話。
我要拿回主控權，魔鬼必須離開。

代表敵人就不存在；事實上，敵人正圍繞在桌子四周。這畫面激發了我的想像力，也引起我的注意。

我不用為自己辯護，不用證明自己沒錯，也不必憑藉掌控全局或加倍工作來證明什麼。我的任務就是把注意力集中在好牧人身上，祂才是這張桌子的主人。

這份邀請是要我信任那個讓我躺臥在青草地上、領我到安靜的溪水邊並幫我重整靈魂的祂。好牧人以祂之名引領我走在正確的道路上，陰森山谷與困境時刻都只是道路上的部分景色，祂一直都與我同在，陪伴我度過每個不安的夜晚。好牧人會用油膏了我的頭，使我的福杯滿溢。我的承諾——善良、仁慈、愛——將陪伴我度過生命中的每一天。

命運早已注定，我無須害怕。好牧人與我同桌，祂會確保我住在耶和華的殿中，直到永遠。

我每天反覆思考著〈詩篇〉23篇的真理，使其融入我的靈魂深處。從〈彼得前書〉（伯多祿前書）5章8節中我看見，魔鬼的主要策略就是在我生活裡走來走去。所以，或許我無法阻止魔鬼在我的桌旁遊蕩徘徊，但奉主耶穌的名，我可以選擇要不要讓敵人坐下。

上帝的話改變了我的想法，並對我的心態和內心平靜產生強大影響。沒多久，「你無須邀請敵人入座」已不再只是一句「別人說的話」，這九個字成了讓我心靈獲得自由的武器。

能量凝聚

數週後，我帶領一群職業球隊的教練進行晨間查經。那年的球季只能用苦戰和失敗來形容，查經現場氣氛低迷，焦慮和絕望全寫在他們臉上。批評聲此起彼落，我猜肯定還有內部的懷疑與衝突。這群教練跟那晚傳簡訊給朋友的我處境不相上下。

查經過程中，我感受到聖靈（聖神）的力量，將我的話題轉向上帝如何透過〈詩篇〉23篇開導我，以及在上帝所準備的餐桌前該如何面對敵人。我說出自己是如何給朋友發了一條冗長中帶著酸味、尋求站隊支持的訊息，還有對方是如何回覆我的。

當我說出「你無須邀請敵人入座」後，現場的氣氛發生變化，許多教練臉上神情也不同了。事後有幾個人告訴我，當下那九個字帶來的衝擊有多大，就跟我第一次看到那條訊息時的震撼一模一樣。

同一天，我返回教會參加原定的團隊會議。回到亞特蘭大時，我打電話要求在屋裡中間擺一張桌子，上面放些簡單的零食和水杯。我把當天早上和教練們分享的內容變成眼前的畫面：我就坐在一張桌子旁邊，桌上放著食物，講述著〈詩篇〉23篇所帶來的改變。

我的分享再度掀起波瀾。影響力之大，大到讓我下週日還得在教會裡再做一場完整的演講與分享，而且準備的食物會更豐盛，佈置也更漂亮。現場有豐富的水果和起司拼盤，還有冷盤、麵包和甜點。

砰！這九個字再次深深擊中我的內心。一位帶著三個孩子、準備離婚的母親告訴我，這幾個字正是她所需要的。一位滿腦子跟自殺想法拔河的大學生也同意了她的說法。很明顯，我不是唯一一個經歷過內心掙扎的人，這條來自上帝的訊息也不是只說給我聽，應該要讓更多人知道。

當我有幸在世界各地分享這句來自上帝的訊息時，作為一名傳播者，這對我來說就是一種全新的互動體驗。開場時，我會先在台上說幾句話，但很快就會移動到早已擺在人群中的桌子旁邊，然後在某個時間點將食物傳下去，鼓勵大家享用可頌、布朗尼或胡蘿蔔條，接著把食物籃傳給旁邊的人，而可口的甜點總能得到最響亮的歡呼聲。

但這並非僅是噱頭。席捲而來的力量是讓你意識到宇宙之王正在邀請你我與祂同桌而坐。這九個字不僅令人印象深刻，而且威力十足。這背後的故事有助於釋放心靈，並且能得到立竿見影的效果。

這是一個關於好牧人的故事；祂看見了你，並且與你一起穿越山谷。這是關於上帝如何在困境中為人們擺出一桌盛筵。〈詩篇〉23篇的這段話能幫助你不讓腦海中的念頭失控。追根究底，這九個字代表著勝利。

拿回你的主控權

這就是為什麼我要撰寫此書的原因。我希望藉由本書讓各位知道，透過耶穌基督，你有力量主控誰能在你的餐桌邊坐下，甚至決定誰能影響你的想法。你可以拿回屬於自己的自由，也可以控制自己的想法和情緒，無須被恐懼、絕望或憤怒所支配。你的內心不必承受不必要的壓力，也不用與任何帶有傷害性的想法較勁。你受邀與全能的上帝建立密切關係。祂為你準備的是一張充滿平靜、明智與豐盛的餐桌。你無須邀請敵人入座。

更準確來說，出現在我手機螢幕上的九個字，正是上帝一連串的巧妙安排，因此才有本書的問世。但本書接下來要呈現的內容，是建立在比友人簡訊更深層的基礎之上。你將在本書中看到來自造物者的訊息，祂透過聖經要對你說的話是如此生動有力，祂的話能打破多年禁錮你心靈的枷鎖，這些都有助於你再次釐清思緒、帶給你全新的視野。

在接下來的內容裡，我們將以全新的方式開啟〈詩篇〉23篇，特別是當中的第5節：「在敵人面前，你為我擺設盛筵。」當敵人狡猾地溜進了你和主的餐桌邊坐下時，我會告訴你他的謊言是什麼。我會列出消滅謊言的方法，幫助你在充滿挑戰性的環境中找到勝利、平靜與安全感。我會提出實際且有用的鼓勵，讓你堅定跟隨耶穌站穩腳步，掌控自己的思想與恐懼。

魔鬼想要的不外乎是壓垮你，偷走一切你所珍視的事物，扼殺你生命中所有的美好，最終目的就是要摧毀你。如果魔鬼能成功佔領你的內心，最終也能佔領你的生活。

但〈詩篇〉23篇會讓你知道，好牧人已為你準備好盛筵。那是一張兩人桌，而魔鬼不在受邀之列。本書提供全方位的訊息，幫助你應對所有困難。本書將帶你在你的陰森山谷中尋找勇氣、希望和力量。你無須再去理會內心恐懼、憤怒、慾望、不安、焦慮、絕望、誘惑或失敗的聲音。

我會與你並肩作戰。我一次又一次告訴自己同樣的話，我也相信好牧人會因為帶領我們贏得內心的爭戰而感到榮耀。讓我們一起攜手並進，我和你，是時候拿回被敵人偷走的東西了。請接著看下去，仔細品味好牧人準備的盛筵內容吧。

第二章

詩篇23的筵席餐桌

準備好接受神的邀請了嗎？

Don't Give the Enemy a Seat at Your Table

我們的好友杰與凱薩琳．沃夫夫婦是在桑福德大學讀大一時認識的，當時杰是準備成為法律人，而凱薩琳則是桑福德之花，集聰明、美麗與自信於一身，兩人很快就墜入愛河。

二〇〇四年剛畢業的他們決定步入禮堂，發誓無論生病或健康，都將對另一半不離不棄。沒多久，兩人從亞特蘭大搬到加州的馬里布，杰進入佩柏戴恩大學法學院，凱薩琳則從事表演及模特工作，前兩年的生活很順利。在二〇〇七年，他們的長子出生了，一切都很美好。

凱薩琳生產半年後的某個午後，她突然感到一陣暈眩反胃，伴隨手腳發麻。接著，她走到客廳關掉電視，身體晃了一下，隨即倒地。當時在家的杰立刻打電話叫救護車，迅速將凱薩琳送醫。經醫生診斷，凱薩琳是嚴重的腦中風，存活機率很低。為了救她，醫生不得不移除大半的小腦，手術時間超過十六小時。那年她才二十六歲。

凱薩琳奇蹟般地熬過了這突如其來的苦難，但他們的「新常態生活」才正要開始。凱薩琳昏迷不醒整整兩個月，在加護病房住了四十天，清醒後還必須重新學習如何說話及吃飯，花了十八個月才能再次走路，隨後進行多年復健，還有十餘次的大小手術。凱薩琳的身體似乎永遠無法擺脫中風的陰影。

如今，她的生活伴隨著長期的受限，除了聽力及視力受損，也無法正常吞嚥，還有部分面癱。她說話含糊不清，大多時候都需要依靠輪椅行動。不過凱薩琳和杰卻有一種超凡信念，深信一切痛苦必有其原因。他們深信神國的巨大力量，也透過寫書與分享，為各地受苦難的人帶來希望。★

我們或許沒有經歷過凱薩琳和杰的苦難，但每個人應該都感受過生命的不完美，如果你不想要讓敵人在你桌旁佔有一席之地，就必須先從牢記這句真理開始：**生活很艱難，但無論如何，耶穌都邀請我們跟隨祂的腳步前進。**

★想知道他們的完整故事，請看凱薩琳和杰的著作：Katherine and Jay Wolf, *Suffer Strong* (Nashville: Zondervan, 2020) and *Hope Heals* (Nashville: Zondervan, 2016).

「即使／我仍然」的信念

從聖經的字裡行間，我們不難看到人們在面對生活壓迫時的心情。身處絕境時，放棄信仰似乎也是合情合理。當人們在困境中選擇背棄上帝，或是選擇沉迷在能帶來愉悅感的事物上，這都不意外。遺憾的是，這就是多數人在困境中會做的選擇。

看吧，當生活變得困難，我們就忍不住想邀請魔鬼入座。可是一旦意識到**即使**生活再難，耶穌依然邀請我們跟隨祂的腳步時，我們就會看見贏得內心爭戰的根本真理。

這就是我們能在聖經中看到的信仰深度。在尼布甲尼撒王（拿步高王）命令眾人只能俯伏跪拜其巨大金像的年代時，沙得拉（沙得辣客）、米煞（默沙客）和亞伯尼歌（阿貝得乃哥）這三個希伯來青年選擇敬拜上帝。他們的目標是順服上帝對其生命的呼召。當樂聲響起（表示眾人要俯伏跪拜金像），三人依然直挺挺地站著。最終，三人因為自己的正確行為而被扔進熊熊烈火之中。當時上帝在想什麼呢？這種結果肯定不合理，他們沒做錯什麼啊。他們難道不該因為捍衛真理而得到獎賞嗎？上帝不是應該要與他們同在，而不是站在他們的對立面嗎？

沙得拉、米煞和亞伯尼歌的信念並未因此消滅。相反地，他們心中的信念越來越強大。即便在烈火熊熊的窯前，他們依然選擇對尼布甲尼撒王說：「如果我們所敬拜的上帝能救我們脫離烈火熊熊的窯和你的手，他一定會救我們。陛下啊，即使他不救我們，你要知道，我們也絕不拜你的神明，不向你立的金像下拜。」（但以理書／達尼爾3:17-18）無論結果是上帝救他們脫困或是任其遭烈火吞噬，他們對上帝的忠誠都不會改變。

或是看看保羅（保祿）和西拉（息拉）的故事。他們是因為犯罪而入獄的嗎？不，只是因為他們趕走女奴身上的邪靈，做了正確的事情。但即便如此，腓立比城（斐理伯城）的民眾依然憤怒地聚集起來，將保羅和西拉拖到羅馬官長前，兩人遭受一頓暴打後被關進監獄。

保羅和西拉依然讚頌上帝。他們一路上都在傳道，但為何卻落到如此下場？如果此時他們放棄信仰，又或抱怨，或轉而尋求某種成癮的愉悅感來減輕痛苦的話，應該也沒人會責怪他們。但他們沒有這麼做。即便保羅和西拉的雙腳上了足枷、背部血肉模糊，但兩人依然在半夜禱告、唱詩頌讚上帝（使徒行傳／宗徒大事錄16:16-40）。這正是在困境中高漲的信念。

我想著保羅和西拉，想著沙得拉、米煞和亞伯尼歌，想著聖經中所有經歷苦難但信念卻愈發堅定的人們，真是讓我讚嘆不已。先知哈巴谷的禱告清楚說明這一點：

即使無花果樹不結果子，
葡萄樹也沒有葡萄；
即使橄欖樹不結橄欖，

田地不產五穀；
即使羊群死光，
牛棚裡沒有牛；
我仍然要因上主歡喜，
因上帝——我的救主快樂。

——哈巴谷書3章17－18節

最後兩行指出了巨大的信念。你是否注意到在哈巴谷的祈禱文中，有兩個詞重複了三次？

即使……我仍然……

哈巴谷基本上是在說：「**即使**沒有收成，**即使**莊稼歉收，**即使**田地荒涼，**即使**糧食不足，**我仍然**會保持歡喜，因上帝是我的救主。我並未失去信念。事實上，我的信念更強大了。我仍然要在主裡喜樂，仍然要敬拜上帝。我不會因傷害我的態度或行為而改變心意。當我遇到困難時，我的信念只會增強。」

這兩個詞展現出了強大的因果關係，是我們仿效的目標。**即使**發生不好的事情，**我仍然**會讚美主；**即使**發生不好的事情，**我仍然**不會讓敵人操控我的內心。

這就是我在杰與凱薩琳身上看到的信念。在我撰寫此章時，他們收到消息，先前沒有發現的神經問題，還需要再做進一步檢查。他們未來可能要面對更多挑戰，不過還取決於檢查結果的好壞。他們希望我和雪萊能在檢查之前為他們禱告。在我們結束禱告後，凱薩琳也為我們正在面對的困難祈禱。凱薩琳的禱告引用了〈哈巴谷書〉3章17－18節。禱告結束後，我告訴她，我寫下的也是同一節的內容。

她說：「我非常喜歡最後一節：『至高的上主賜給我力量。他使我像母鹿一樣腳步穩健；他使我在高山上安穩行走。』（哈巴谷書3:19）在我重新學走路時，是這段話讓我堅持下去的。」二〇〇九年，在醫生宣布診斷結果不樂觀後，她以自身處境改寫出以下這段話：

即使我無法行走，
且困在輪椅之上；
即使我半臉面癱，
且無法展開笑容；
即使我高度失能，
且無法照顧孩子；
我仍然要因上主歡喜，
因上帝——我的救主快樂！

這不是只在一片光明時才相信上帝的基督徒，也不是在壓力底下就會枯萎的信念。這是一種即使面對重重壓力也會蓬勃發展的信念。這個信念告訴我們，**即使發生不好的事情，我仍然會讚美主。**

你會如何改寫〈哈巴谷書〉的祈禱文呢？

即使我面對強大的財務壓力……

即使我的配偶現在正跟另一個人在一起……

即使我們正面臨全球危機……

即使＿＿＿＿＿＿＿＿（請填上你目前遭遇的困境）

我仍然要因上主歡喜，

因上帝——我的救主快樂！

培養「即使／我仍然」的信念將會改變你的人生溫度與軌跡。壓力增加時，這種信念不但不會消退，反而還會有所提升，會變得更加牢固、堅決、無畏和壯大。

想要培養這種「即使」的信念，跟我們將重點放在哪裡有很大的關係。我們可以奉主耶穌的名來培養「即使」的信念，這也是不讓敵人有一席之地的基本原則。要做到這一點，必須將思想扎根於一個眾所皆知、卻未被廣泛應用的聖經應許裡。

古老的經文，全新的力量

如果我問你，聖經中最廣為人知的是哪一段，你可能會說〈約翰福音〉（若望福音）3章16節。沒錯，你在各大體育賽事的標語中都會看到這段話。但我認為〈詩篇〉23篇更為人所熟悉，無論是婚喪喜慶，你都能聽到這段話。人們傳布它、描繪它、形塑它。它遍布社交媒體，你也能在電影《鐵達尼號》和《蒼白騎士》（*Pale Rider*）中看到片段。它也出現在無數的歌曲中，從巴哈和舒伯特的古典樂到無數的讚美詩和敬拜歌曲，甚至是饒舌歌手酷力歐（Coolio）

的《黑幫天堂》歌詞中。

〈詩篇〉23篇已經融入日常文化之中，如果你跟我有相似的教會背景，那我們都得先擺脫一些既定印象和思考誤區。因為每次一提到〈詩篇〉23篇，我們很容易直接聯想到聖經的內容。

上主是我的牧者，我一無缺乏——到這裡沒問題。

青草地、安靜的溪水邊、陰森山谷、杖、棍、盛筵、上賓——沒問題，我知道你在說什麼。

在看〈詩篇〉23篇時，要先抹去我們向來恪守的教會思維及既定認知，因為這段經文其實與我們所經歷的當今文化息息相關。就在這裡，就在當下。我們要祈求上帝幫助我們抹去那些老舊的牧羊人杖印象，幫助我們看到這段經文如何帶來令人難以置信的強大應許。

這段經文描述上帝化身成細心的牧羊人，祂對羊群的關心無微不至，同時又足夠強悍到可以保護羊群免受攻擊。這個牧羊人會確保你得到充分休息與充足食物，同時也會擊退所有威脅你安全和幸福的人。隨著時間過去，我們會看出牧羊人就是耶穌基督的化身。

在〈約翰福音〉10章1至21節中，耶穌說明祂為何是好牧人。耶穌認得自己的羊——我們。牧羊人保守羊群免於賊人和強盜的洗劫。好牧人願意為羊捨命。祂引導我們，我們能聽見祂的聲音、認得祂的聲音。〈約翰福音〉10章將耶穌比擬為〈詩篇〉23篇中的好牧人。而在〈詩篇〉23篇中，牧羊人上帝與牧羊人耶穌的屬性和行為是一樣的。

我們之所以知道這點，是因為在〈希伯來書〉13章8節中清楚寫道：「耶穌基督，昨天、今天、直到永遠，都是一樣。」這份邀請確實令人難以置信：耶穌說**我想成為你的好牧人**。祂是一個人，一個想要成為你生命中好牧人的上帝。我們能否先停下腳步，在現實生活中吸一口氣、感受一下這件事：好牧人——也就是上帝——願意帶領你度過生命中的每一刻！

接下來的重點，就在於你是否願意讓耶穌來帶領自己。其實所有人都受到耶穌的帶領，只是自己知不知道罷了。你的牧羊人可能不是耶穌，但肯定有什麼東西在引導你。〈彼得後書〉（伯多祿後書）2章19節說：「因為人給什麼控制住，就是什麼的奴隸。」因此，引導你的可能是文化，可能是世界趨勢。如果你跟著社交媒體走，這就是引導你的力量。

有些人可能會說：「不，我不需要牧羊人，沒人能領導我。我說了算，所有的決定我自己做。」很好，那你就是自己的牧羊人，你帶領自己、靠自身力量來到安靜的溪水邊和青草地上。但有件事是肯定的：如果你是自己的牧羊人，說明你很有可能**是需要牧羊人的**。遺憾的是，每當人們覺得是自己在掌控生活時，都會將〈詩篇〉23篇解讀成：

我是自己的牧者，

而且我一團糟。

我並未擁有所有我需要的東西。這是肯定的。

若不是溪水的映射，我不會知道它的安靜。

我已經有好一段時間沒躺在青草地上休息片刻。

我走的不是正義之路，但我知道恐懼及邪惡為何。

我盡可能從各方尋求慰藉。

我無法忍受敵人，我想傷害他們。

我的杯子肯定溢出來了——我充滿焦慮，因怒火、悲傷和狂暴而消耗殆盡。

我盛載過多，很容易就流洩一地。我過於緊繃，用不了多久就會爆炸。

我不知道接下來的人生會發生何事，但我可以告訴你一件事：

我的靈魂？不太好。

當你讓耶穌成為你的牧羊人時，祂就進入了你的焦慮，引導你重新出發。

祂帶領你、看顧你、讓你休息。耶穌給你目標，讓你知道面對敵人時如何不讓內心四分五裂。耶穌帶給你希望和未來，祂將重整你的靈魂，為你的今天、明天以及餘生的每一天帶來良善與愛。耶穌甚至會給你一個永恆的天堂。

這一切都在〈詩篇〉23篇可以找到。如果你尚未讓耶穌帶領你，何不就從現在開始？如果讓祂帶領，你將無所缺，生活也會變得更加美好。

但還有一點要記住：當你選擇讓耶穌帶領，這不僅僅是要請祂為你帶來美好事物或幫你做些有益處的事情。〈詩篇〉23篇告訴我們，好牧人帶領你的第一種方式，就是祂會讓你先經歷「某件事」。

為什麼接受帶領是好事

「不行，我不能接受，我現在就不幹了。」你說：「八字都還沒一撇，耶穌就想讓我做事情了嗎？」

先等一下。這個使命是耶穌關心你的開始。祂對你的愛之深，足以讓你做一些自己不知道該如何做（或選擇去做）的事。但你會喜歡的——因為祂會讓你躺臥在青草地上。

當然，如果你想躺在崎嶇不平的道路上也行，你也可以選擇躺在高溫炎熱與塵土飛揚之中。但耶穌告訴你：「在青草地上躺下，休息一會兒，別總想著要得到什麼結果。在瘋狂一天的中午好好休息，你只需要知道我是個好牧人，會把你的最大益處放在心上。順帶一提，在你休息的時候，放心去吃些綠草吧。讓我滋養你的靈魂。這就是我的做法。我愛你，並且會照顧你，我給你的任何指示都是為了你好。」

看看，上帝稱我們為羊群時，多少反映出我們的性格——雖然不見得會乖乖順從，但羊群需要有領頭羊。上帝並不是要說我們很可愛，祂想說的是我們很容易被羊毛矇住雙眼，而沒展現出應有的洞察力，甚至在該休息時不休息。一旦要為自己的益處做決定時，做出的決定往往都不怎麼明智。

猜猜為什麼好牧人引導羊群去喝的溪水要特別用「安靜」來形容？那是因為羊群缺乏自我意識。如果有隻羊在湍急的河流前認為這是一處解渴的好地方，忘記身上披著足以做出五件毛衣的毛量，興奮地一頭栽進滾滾河水之中，浸濕了十五磅重的羊毛。撲通！這隻羊直接被困在河中動彈不得。此刻牠面對著眼前的激流，想回頭尋求牧羊人的救助……咩！

所幸好牧人帶著牧羊人杖——一根長而結實的棍子，一端是個鉤子。每當我們走向乍看之下還不錯、但最終會導致毀滅的事情時，耶穌就會把我們拉回安全的地方。當然，前提是我們願意讓祂領導。上帝不會強迫我們跟隨祂。有時我們只是被湍急的水流弄濕鼻子，耶穌很快就會抓住我們。有時我們會與牧羊人唱反調，直接跳入河中、深陷急流，身上又濕又沉重，被自己愚蠢的選擇越拖越深。我們對牧羊人嗤之以鼻，但河水直接將我們帶向大海、直奔毀滅。

我知道自己需要好牧人。當了多年基督徒的我一直都知道，需要持續將生命的領導權交給上帝。我太容易把頭伸進看似美好的湍流之中。我沒有自己想像中那麼擅長做出明智決定，我也很難自然地躺在青草地上，所以我很歡迎上帝的指令。我需要好牧人在身邊，我需要傾聽祂的聲音，聽祂說：「不，路易，我們不在這裡喝水，我們不要在尼加拉瓜大瀑布旁邊尋求解渴之道。過來這寧靜的小水池邊吧。放心飲用這寧靜的水——然後繼續生活下去。」

帶領我們到靜水處是牧羊人的基本活動，因此，這也對我在本書中想說的內容至關重要——贏得你內心思想的爭戰。這也是我為什麼要在本章一開始就先提出的原因。總之，好牧人是……**好的**。因為祂對我們的大愛，耶穌在行事時總是會考慮到我們最終的幸福。上帝的美善可以從祂所示、所說和所做的一切中找到。

然而，〈詩篇〉23篇的後半部分才是我希望大家關注的重點，因為這些經文指出我先前提過「即使」的信念。隨著該信念的發展，它會永遠改變我們的生活。在〈詩篇〉23篇4節中，我們找到了這些文字，也正是這些文字構成了接下來幾節經文的內容：「縱使走過陰森山谷，我也不怕災害。」

你有沒有看到在這段廣為人知的經文中出現了等同「即使／我仍然」的信念？最神奇的是好牧人與我們一起走過陰森山谷。上帝與我們同在，陪我們經歷真正的難關。當我們所愛之人生病時，祂與我們同在。當我們埋葬了所愛之人，祂與我們同在。在我們心碎時，祂就在我們身旁。當我們得不到想要的好東西時，祂就在我們身旁。或許你正經歷一段關係的結束或是失去夢想；或許你試圖完成某個專案項目，但並不成功；或許你想要得到某個工作，但事與願違；或許你深信某人對你有興趣，結果對方只想做朋友；或許你和配偶想要個孩子，但始終未能如願。

在陰森山谷中，我們可能經歷無數次的失去。失去只是人生故事的一部分。每個人都會經歷悲傷、失望和沮喪。這就是為何它如此關鍵，即使大衛王（達味王）經歷如此巨大的困難，他依然宣稱：「我不怕遭害。」好牧人就在那裡引導他、安慰他。正如在哈巴谷的祈禱文中所看到的，我們可以讓這首詩篇專屬於自己的人生。

你要如何誠實說出自己並不害怕？答案就在第四節的第二部分。我們無法解決所有問題，但我們也不逃避迎面而來的難題。我們無須害怕任何邪惡力量，因為好牧人與我們同在，祂的杖與棍護領著我們。先別急著接受一切，慢慢看下去吧，要仔細看。

全能的上帝**與我們同在**。

無論此刻你正經歷什麼困難，好消息不是上帝會幫助你，這不是完整的內容，更重要的訊息是上帝**與你同在**。你生病時，祂與你同在。祂與你一起進入墳墓。當工作機會沒有出現時，祂與你同在。當你收到壞消息時，祂與你同在。祂和你一起待在化療病房。在你經歷狂風暴雨、接受試煉和穿越山谷時，祂與你同在。全能的上帝——你的好牧人——就在那裡陪你一起面對困境。這是一種顛覆遊戲規則的啟示，也會改變你的禱告內容。因為你無須再祈禱著：「上帝，我在暴風雨中，請幫幫我。」相反地，你會祈禱：「上帝，我在暴風雨中。謝謝您與我同在，支持著我。我們要如何一起度過難關呢？」

我們無須害怕迎面而來的難題，
全能的上帝——你的好牧人——
就在那裡，陪你一起面對困境。

並不是坐在那裡祈禱不要有問題、不要有痛苦就能得到和平、勝利和自由的結果。不是這樣的。現實情況是，每個人都會以不同形式被引導穿越陰森山谷。耶穌在〈詩篇〉23篇中應許，在問題、痛苦和失去**之中**，和平、勝利和自由會隨之到來。這就是我們發展出「即使」信念的方法。我們會知道，生活在一個破碎的世界中，全能的上帝始終與我們同在。

擺放在衝突中心的餐桌

〈詩篇〉23篇5節是聖經中最具力量的段落之一，我們將在本書中繼續深入探討。為了讓讀者們知道我為何這麼說，我想先讓各位看看一些真實事件。在這段經文中有個美麗的轉折點，還記得它是如何形容**上帝在敵人面前為我們擺設盛筵**嗎？

我相信如果讓我寫，我肯定會有不同的寫法。如果上帝要為我擺設盛筵，我會說，哇，那很棒。但我認為**該出現的是上帝**，而不是我的敵人。嘿，拜託，上帝——如果讓我寫，我就會希望你在窗邊幫我保留一桌，然後在我們共進晚餐的時候，我可以看著你消滅我的敵人！把他們弄走，越遠越好，我一點都不想在吃飯時看到周圍有任何敵人——吃甜點時更不想！

但〈詩篇〉23篇5節不是這麼寫的。上帝在困境中為我準備了盛筵。桌上擺滿豐盛的食物，而且都是美食，只不過這張餐桌就在化療病房的正中央。上帝已擺好銀器餐具，並邀請我們一同入座用餐，只不過這張餐桌就在四分五裂的家庭中央。這張餐桌就擺在工作壓力、緊張的人際關係之中。這張餐桌直接處在困境與爭執、誤解與傷害、壓抑和死亡的中心之處。無論是內部或外在的抗爭，這張桌子就位於所有麻煩的中央，是衝突的中心。

你現在能想像餐桌所在之處的畫面了嗎？

有時聖經會以「餐桌」一詞來比喻上帝的救恩、和平與同在。猶太人只要被邀請入座，立刻就知道重要性，尤其是主的餐桌。在古代，在耶穌道成肉身、成為救世主之前，上帝會以各種形式存在——雲朵、火焰、瀰漫房中的煙霧。隨著上帝子民的故事持續展開，上主指示了建造聖所的方法，此處正是有罪之人能見到聖潔上帝的地方。在聖所中央是一張**桌子**，桌上陳設著供餅。「桌上經常陳設獻給我的供餅」（出埃及記／出谷紀25:30）。

今天，同樣的上主邀請我們與祂同桌共餐，而且這份邀請來自至高無上的耶穌基督。當叛逆者跟隨上帝享用盛筵的同時，他們已然得到救贖。〈以賽亞書〉（依撒意亞）25章6節中寫道：「上主要為天下萬國預備盛筵，有豐富的食物。」又或像在〈路加福音〉13章29節中所說的：「從東西南北各地都有人要來參加上帝國裡的筵席。」

所有人都可以參加上帝的救恩筵席。但〈詩篇〉中描述的桌子是與神相會，是一張專屬於你和好牧人的桌子。別擔心，不是只能有一個人受邀上桌，由好牧人帶領的任何人都可以與上帝同桌，唯獨敵人不在受邀之列。如果你跟隨耶穌，那麼上帝已經為你準備好桌子了。

讓我們一起來想像這張桌子吧。兩個面對面的座位，好牧人站在桌子的一側，你在對面。坐下之前，你先看看眼前的盛筵。每個人看到的具體餐點內容都不一樣。更準確來說，這是主的餐桌，是祂在你心中設下的餐桌。桌上有你喜歡吃的所有食物。好的食物、健康的食物、豐富的食物，綽綽有餘。你不必全部吃光——不是請你來暴飲暴食的。這是一場真正的盛筵，滿足你內心深處的渴望。餐桌上的餐點能讓你同時感到飽足和自由。

離你最近的托盤裡裝滿新鮮水果。還有一道開胃菜。你看到新鮮草莓、無籽西瓜、成熟多汁的葡萄、清脆的蘋果。

另一個盤子裝著沙拉，有淋上特級初榨橄欖油的鮮脆蘿蔓萵苣、磨成細絲的帕馬森乾酪、猶太鹽和現磨的黑胡椒，還有從新鮮麵包切下的麵包丁。不喜歡凱撒沙拉嗎？不然來個自家招牌沙拉如何？上面放著新鮮的蕃茄與小黃瓜。一旁還有超級豐盛的冷肉拼盤。

一股醉人的香氣撲鼻而來。另一個盤子裡裝的是主菜。對肉食者來說，這是烤牛排，金黃的外皮上有淡淡的烤痕，三分熟，看起來令人垂涎欲滴。如果你想的話，也可以選擇剛捕獲的鱒魚。對素食者而言，主菜可能是花椰菜汁佐貓耳朵麵，或是焗烤爆漿起司辣椒，或是美味的黑豆卷餅。熱騰騰的，擺盤還很精美。

我剛有提到甜點嗎？桌上擺著美味的紐約起司蛋糕，熱蘋果派搭配香濃滑順的冰淇淋，還有紅絲絨蛋糕、巧克力濃稠的布朗尼、裹上一層糖霜的甜甜圈和椰子奶油派。

準備好開動了嗎？

你差一步就可以大快朵頤。突然間，你發現站在椅子旁的除了你和好牧人之外，現場還有其他人。這桌子是專屬於你和好牧人，但周圍卻擠滿了人。你現在看清楚是誰了，他們就是讓這張桌子如此特殊的部分原因，因為你的敵人始終在旁邊徘徊、未曾離開。桌邊的人群並不想看到你好好坐在那裡。他們皺眉、喊你、批評你，甚至說出悖離事實的話。他們充滿仇恨，一心要破壞你的努力成果，有的甚至想從背後捅你一刀。

這群圍在旁邊的人代表著你的麻煩、問題、壓力來源。你被災難、壓力、焦慮、成癮、離婚、抑鬱、家庭破裂等各種痛苦包圍。接著，不可思議的事情發生了：就在各種災難和紛爭中，天上的神呼喚著你的名字，並說：「請坐下。」

此時，你肯定會覺得應該要接受好牧人的邀請。但在生活步調快速的今日，這卻成了未知數。更有可能發生的畫面，是你想要先在臉書上發布一張讓人羨慕的照片，一張得站在自己的椅子上、獲取最佳角度的照片，然後迅速上傳，搭配「天啊，今天與我的主共進晚餐」的標題。但你只有時間拍照，沒時間坐下來享用，然後你抓起咖啡外帶，準備趕赴下一場約會。「非常感謝您，耶穌！您是最棒的，我愛您。這真是太豐盛了，真的！但我還有約，得趕緊去，我會再跟您聯繫的。一定會。」

然而，事情的發展也有可能截然不同——例如，你和好牧人一起坐下。

「你口渴嗎？」祂邊問邊往杯子裡倒水。

又驚又喜的你愣住了，心想到底發生何事。宇宙之主真的幫我倒了一杯水嗎？你吃了一口草莓，挖上一勺熱騰騰的奶油馬鈴薯泥，咬下一口多汁的牛排。

這就是「即使／我仍然」的信念所帶來的景象。即使我被敵人包圍，上帝**依然為我準備盛筵，而我仍然會與祂一同坐下**。

上帝不吝嗇也不小氣，祂十分慷慨。桌上所有食物的味道吃起來跟用看的一樣美味。你一口接一口，這著實是非常美妙的一餐。這種感覺會在你餘生中持續發生，一次又一次。這頓餐食是你與全能上帝親密關係的核心。祂不能保證為你消弭衝突，也不會將你從現實的困境中解救出來，但祂已應許在敵人面前為你準備一張餐桌。

也請記住，儘管你嘗盡各種美食，但這張桌子的重要性並不在於上面的食物，這頓餐食的奇妙之處也不在食物。

而是你與誰同桌。

與神共餐

接下來的內容中，我們將要討論在認識並接受上帝所提供的盛筵後，生活會出現的改變與好處。這些好處是真實且重要的，例如戰勝邪惡及保有純潔心靈，免於束縛及控制恐懼的能力。但更重要的是要知道，上帝真正要帶來的並不是這些好處，而是祂自己。這也正是本書想傳遞的重要訊息：上帝與我們同桌而坐，陪我們一起走過陰森山谷，我們受邀與全能的上帝建立關係。

這不是一本自助書籍，好像告訴你幾個步驟，生活從此就能免於痛苦。這是一本關於敬拜的書，我們要以全新且符合聖經的方式來看待耶穌，然後以敬畏之心回應偉大的主耶穌。我們的身分根植於耶穌，而生活也因好牧人一路上的引導而有所改變。

我們很容易忘記（甚至永遠搞不清楚）真正共餐的對象究竟是誰。你知道與你同桌而坐的究竟是誰嗎？為了要了解這件事情的重要性，我們先暫停一下，看看在〈提摩太前書〉（弟茂德前書）1章17節中提過的，上帝是「萬世的君王，是不朽、看不見、獨一無二的上帝」。

這就是與你同桌的對象。

使徒保羅在〈羅馬書〉11章33、36節中是如此描述與你共餐的對象：「上帝的恩典多麼豐富！他的智慧和知識多麼深奧！誰能解釋他的決斷？誰能探測他的道路？……因為萬物都出自他，藉著他，歸於他。願榮耀歸於上帝，直到永遠！阿們。」

這就是與你同桌的對象。

先知約伯說你的共餐對象鋪開北極的天空，把地球懸掛在太空，把水注入密雲中，遮蔽了滿月的面貌；祂畫出了地平線，祂的斥責讓天的支柱震驚戰慄；祂的大能平靜了大海，吹氣潔淨了天空。「然而，這不過是上帝小試權能，」約伯說：「不過是我們聽到的微聲。誰能測透上帝大能的威力呢？」（約伯記26:14）這就是與你同桌的對象。

你真正得到的獎賞就是與耶穌共餐。〈詩篇〉23篇5節最奇妙之處在於這不僅僅是一句貼在牆上的聖經內容，更重要的是，與你同桌而坐、共進晚餐的對象，就是全能的上帝！

這將會是一頓很棒的大餐，只有你和耶穌，你和祂一起享受盛筵，享受著一種不受阻礙的關係。你知道在餐桌的另一端是偉大的主，而祂就是你最真實、最美好的獎勵。你知道祂是愛你的。但正如我先前提過的，其他人——你最大的敵人——也不會放過任何機會，想趁你不備時悄悄入席。那個人肯定不在受邀名單之上，但他知道只要能擊敗你的內心，他就能摧毀你。

第三章

搶位子的不速之客

別讓敵人對你的生活有發言權

Don't Give the Enemy a Seat at Your Table

我依稀能感覺到手心不斷冒汗。★

那天是我妻子雪萊的生日，我早就計畫好要在她最喜歡的餐廳為她準備一頓特別的晚餐，一個只屬於我們兩人的夜晚。雪萊很期待這天晚上的到來，我也盡力營造一個特別的夜晚。

我們在這座令人驚嘆的城市中享用了完美的晚餐，絕佳的氛圍，美味的食物，就只有我們兩人，不過我們坐的是四人桌。這頓再完美不過的餐點進行到一半時，有個與我素未謀面的年輕人正準備離開餐廳，他突然回頭看了我一眼。「你是路易．紀里歐嗎？」他很驚訝地問：「真的是你嗎？不會吧，真不敢相信我會在這裡遇見你。兩個月前我聽過你的演講，自那之後，上帝真的深深影響了我的生活！」

我抬頭看著他，說：「你好。很高興知道跟上帝的交流對你有這麼大的影響。謝謝你告訴我。」

「很高興見到你。」他邊說邊朝門口走去。

雪萊和我享用著晚餐，繼續剛才的對話。幾分鐘後，我注意到剛才那個年輕人又回來了，而且直直走向我這桌。我趕緊看了桌上的墨鏡、鑰匙和皮夾，心想他可能是剛停下來打招呼時遺落了什麼東西。

「嘿，希望這樣不會太奇怪，」他走到桌邊時說：「但我剛出去告訴我朋友說我看到你，我們本來要離開的，她告訴我：『你得回去跟他聊聊。』你看，那次演講之後，我一直想讓你知道上帝教了我什麼。然後這麼神奇，你就出現了。這真是太瘋狂，我沒想到有機會遇見你。你介意我坐下嗎？」我還來不及回應，他已經伸出手去拉我們這桌的空椅子了。

「我很想知道上帝對你做了什麼，」我趕緊開口：「但我們另外找個時間再聊好嗎？今天是我妻子生日，我們特別出來慶祝的。改天聯絡，好嗎？」

★我不止一次分享過這個故事，所以你可能已經聽過了。但這對本書的核心信息至關重要，而且有些信息我們即使接收過很多次，卻仍然沒有搞懂它，這就是為什麼我要在這裡再次分享這個故事。

那個人轉頭看著雪萊，簡短地說：「生日快樂。」然後迅速將注意力轉回到我身上，一屁股直接坐下。

現在是怎樣?!

有人知道剛剛到底發生什麼事嗎？我覺得我剛才做出的回應並不好，也就在那個時候，我的掌心開始冒汗，覺得一口氣堵在胸口。其實我可以邀請這個陌生人共度我妻子的生日晚餐，就我們三人。但另一方面，我又擔心接下來我要說的話聽起來可能會讓人覺得很冷漠。

這個故事的重點不在於這個人（他是個非常好、充滿善意的人）在餐廳說了什麼或是我和雪萊如何擺脫尷尬，而是我們所有人都注意到那個人在一瞬間動作的速度——他以迅雷不及掩耳的速度坐下，敵人坐到你旁邊的速度可能也是如此。你一不注意，敵人可能就以迅雷不及掩耳的速度坐進了牧羊人為你準備的盛筵席上。下一秒，與你同桌的就不再只有全能的上帝了。

現在同桌而坐的是你、上帝和魔鬼。

只要一有縫隙或你一不注意，
敵人可能就以迅雷不及掩耳的速度
坐進了牧羊人為你準備的盛筵席上。

只要一有縫隙，敵人就會趁虛而入，哪怕只是一絲機會。只要你有一點點的懷疑或不確定，一切都有可能發生。這樣一來，魔鬼就跟你同桌，開始佔領你的思想。

拿回你的自由

如果我們開始接受與敵人同桌是很正常的事情，這就是大問題了。每當我們告訴自己：「噢，現在都是這樣。焦慮就是正常生活的一部分。大家都很焦慮，誰也沒辦法。現在的生活就是如此混亂。每個人肯定也都有煩惱。看看新聞推播內容，這種日子誰不擔心呢？」這就是自己允許敵人的存在。

我們也以同樣的方式接受了關於生活的錯誤敘述，也就是**我們對上帝沒有多大價值**，或是我們對任何人都沒有價值。總認為別人不懂、不重視我們，甚至打從心底不喜歡我們。

或者我們會轉向另一種觀點，認為自己應該得到更多，因此便允許嫉妒、貪婪和比較來蠶食上帝所賦予的身分。我們刷著社交媒體上的消息，決心要獲取別人所擁有的東西，甚至想要得到更多。

我們就是需要更多——更多的朋友、更多層的保護、更多的喜歡，旁邊最好再開一桌。我們心想，誰不是生活在腐敗的文化之中呢？只不過這裡多一點慾望，那裡多了片刻歡愉，有必要強調嗎？在不知不覺中，你說話的方式就跟魔鬼如出一徹，讓思緒跟著他走。

事情發展一定就是如此，對吧？

不對！讓敵人在你的生活中有發言權不該是件正常的事。奉主耶穌的名，我們可以拒絕魔鬼和他的一切方法。我們不需要接受他。魔鬼引導我們走向傷害自己的罪惡深淵，毀滅這個世代的生活，但不代表我們的生活中一定要讓魔鬼存在。〈羅馬書〉8章10至12節說，上帝的靈使耶穌從死裡復活且住在我們身體裡面。我們也有同樣的復活之力。

耶穌基督打破了罪惡的權勢，而上帝對我們發出的邀請，要我們擁抱新的心態與生活方式。奉主耶穌的名，我們要想到罪惡的權勢已死、不再能影響我們。奉主耶穌的名，我們不必讓敵人的聲音控制我們生活的方式。奉主耶穌的名，我們不必屈服於罪惡的慾望，可以贏得心靈的爭戰。感謝耶穌，我們不再是奴隸。我們得到釋放、重獲自由。我們可以好好活著。我們是神的兒女。

你看，如果我們只看到〈詩篇〉23篇4節（走過陰森山谷），卻忽略接下來發生的事情（上帝應許與我們一同面對困境），問題就大了。當我們停留在山谷、一心只看到生活中的困境，很容易就被敵人引導到另一個方向。在經歷磨難、困境、傷害或孤獨時，我們心裡會想：「好吧，我現在就在這陰森山谷中，但上帝沒有來找我。我一次又一次的禱告，上帝也沒有以我期待的方式給予回應，看來我注定要待在山谷裡了。我順從上帝，但上帝並未如我所願的獎勵我。所以，我要投奔罪惡，讓心裡好受些。」

你聽見了嗎？那是迅速拉出椅子的聲音。這依然是兩人桌，但不速之客出現了。

邪惡狡猾的敵人

不速之客剛出現時通常很安靜，甚至很友善。他剛坐下時，你甚至不會意識到這是敵人。魔鬼出現時，他不可能高舉閃爍著霓虹燈的乾草叉昭告天下說魔鬼來了，肯定不會。一開始，他就只是坐在你旁邊的一個普通人，逕自吃起你的布朗尼，大聲問哪個是他的水杯，然後還不經意用你的餐巾擦他的嘴。

這就只是一瞬間的事。不速之客若無其事迅速坐下，很難一眼看出他的真面目。一開始他好像是跟你站在同一陣線，承諾會幫你擺脫煩惱。〈哥林多後書〉（格林多後書）11章14節描述撒但會把自己「化妝成光明的天使」，這意味著魔鬼鮮少會以真面目示人——其唯一目的就是「要偷，要殺，要毀壞」（約翰福音10:10）。更多時候，魔鬼會採取樂於助人的形象，包裝成一個看似真正關心你、能讓你從當下痛苦中得到喘息的人。

「嘿，最近過得如何？」他可能會這麼問：「你還好嗎？你看起來好像不太好。工作進展如何？我真的不知道你是怎麼辦到的！你老闆就是個混蛋。我說真的，你太厲害，竟然還能撐下去忍受那個白癡！家裡情況呢？還是很辛苦嗎？老兄，我真同情你，真的。介意我再來一塊蛋糕嗎？這些東西真好吃！」

他可能還會引述聖經。魔鬼就是這樣試探耶穌的（馬太福音第4章、路加福音第4章）。魔鬼告訴耶穌：「這裡，看看這段聖經裡的經文——對於你所經歷的一切，這就是最佳解答。這裡，這段經文就是你需要的內容。」

敵人會盡其所能將他的想法滲透到你的大腦之中。可能是你看的電影，可能是社交媒體上一閃而過、具有微妙影響力的一句話，又或是正好聽到兩個人的對話內容。你不確定魔鬼的想法是如何進入到腦海裡的，但肯定已經在裡面了。他會在你低潮時補上一腳，也可能是在你孤獨、憤怒或是疲憊的時候。當你心情沉重或倍感壓力時，就更容易受到魔鬼的影響。

〈約翰一書〉（若望一書）2章16節描述了魔鬼工具箱裡的三大工具，分別是「肉體的慾望、眼目的慾望，和人的一切虛榮」。這意味著魔鬼可以利用我們身體任何的自然慾望來傷害我們——這就是肉體的慾望；魔鬼會利用我們所看和所希望的任何東西作為陷阱、引導我們走向毀滅——這就是眼目的慾望；在這種情況下，人的一切虛榮就是一種有害的吹噓、炫耀或野心，會讓我們過度自信，魔鬼也會利用這一點。

魔鬼也經常表現出善解人意的模樣。這就是夏娃在回伊甸園路上魔鬼對她所做的事。〈創世記〉第3章描述化身成蛇的魔鬼是如何促使夏娃質疑上帝是否真的良善。魔鬼讓夏娃看到禁果，說那有多美味。「上帝肯定對你有某些保留，某些你真正需要的東西。」敵人在耳邊低語著。沒多久，夏娃接受了魔鬼的說法，點點頭對亞當示意，努力說服丈夫和自己相信那個果子「好看好吃，又能得智慧」。

無論魔鬼是以何種方式上桌，他的目的始終相同：進入你的心智，進而摧毀你。他想要進入你的大腦，將有害想法植入你的內心。這些想法將會不受控制地發展，並且蔓延到你的行為之中。他希望邪惡能佔有你。他打算偷走一切你所珍視的東西。他想要切斷你與上帝的關係。他想在你和關心你的人之間造成分裂。魔鬼是不會客氣的——從長遠來看是絕對不會。魔鬼「起初就是謀殺者」（約翰福音8:44），而且會羅網他人、強迫順服（提摩太後書2:26）。魔鬼狡猾且邪惡，「像咆哮的獅子走來走去，搜索可吞吃的人」（彼得前書5:8）。

那個人就是你。

敵人是否已經入座？

在敵人詭計盡出之後，你很難認出他的聲音。他在伊甸園中圍繞著夏娃徘徊。他在耶穌被出賣的那天晚上四處遊蕩。我們無法阻止他的徘徊，卻可以不讓他與我們同桌。

請放心：作為耶穌基督的兒女，你絕對有力量去行使信念，與魔鬼的呢喃抗衡。你可以說：「奉主耶穌的名，我不會接受你的話語、思想和影響。」

如果魔鬼已坐下，而你卻未察覺呢？有沒有可能你已經習慣了負面想法和破壞性的情緒，以至於根本就沒意識到敵人正在大肆享用你的午餐？

你要如何知道敵人是否已經坐下？先從認識魔鬼強大的軍火庫開始吧。首先，我們要認識魔鬼的謊言，並且熟知其在生活中的破壞力，然後才能展示如何奉主耶穌的名將其撲滅。

第四章

識破敵人的致命謊言

以真相贏得內心的爭戰

Don't Give the Enemy a Seat at Your Table

我是在亞特蘭大市中心的一間大教會中長大。記得十二歲那年，我在七年級男生的主日學教室裡，眼前是棕褐色的油氈地板，煤渣磚的牆面也是棕褐色，還有折疊式的金屬椅，牆上掛著保羅的傳教地圖，而裝有百葉窗的那扇窗則始終緊閉。較遠處的牆上則掛著一幅大畫，畫中的耶穌看起來是如此的「逆來順受」。

你知道我在說什麼嗎？他的臉色蒼白，看起來好像已經很久沒有出門。他的長袍精緻、頭髮整齊，肩上扛著一隻毛茸茸的小羊，手持彎勾牧杖——目光凝視著遠方的永恆之地。但奧蘭·米爾斯肖像工作室（Olan Mills Portrait Studios）所畫的的耶穌跟真正的耶穌還是有差距的。

祂是你的英雄、你的守衛者，祂是全能上帝之子！當你在生死交關之際、無路可退之時，在環境準備擊垮你，還有魔鬼在耳邊謊話連篇時，你都要知道，全權的好牧人一手持杖、一手持棍在一旁護你。這就是〈詩篇〉23篇中的耶穌，這就是為什麼我們能因為祂的同在得到安慰。好牧人能以棍抓住你，將你拉回安全之地，也能以杖粉碎任何朝你潛行而來的獅子或狂怒的熊。

寫下〈詩篇〉23篇的大衛王就曾經將獅子和熊擊倒在地（撒母耳記上／撒慕爾紀上17:34-36）。大衛知道上帝應許會與我們一起走過陰森山谷是什麼意思。在壓力之下，耶穌與我們同在，祂不會雙手插在口袋、冷眼旁觀。必要時，他會拯救我們，不計一切代價保護我們，並將我們的茶杯斟至滿溢。我們不必擔心腹背受敵。上帝已在我們的敵人中間準備好一張桌子。耶穌看著敵人，保護著我們，如此一來，我們便能將注意力完全集中在好牧人——我們的救主耶穌——的臉上。

然而，正如先前所提，想要識破敵人的謊言，我們需要一種策略——不是要你專注謊言本身，而是要懂得如何避免落入陷阱，並將目光轉回到好牧人身上。當你知道如何識破以下五種謊言，你就能破解它們，並奉主耶穌的名，以真相贏得內心的思想之戰。

謊言一：跟別人比較

首先，如果你聽說坐在另外一桌會更好，那就可以確定敵人是在**你的**這桌了。耶穌為你準備的這張桌子，是關於生命，而且是豐豐富富的生命（約翰福音10:10）。除了上帝準備的這桌，其他桌都與偷竊、殺戮和毀滅脫不了關係。當魔鬼與你同桌時，他會指著另一桌說那桌有多好、多神奇。魔鬼也會指著沒有上帝的那桌告訴你：「就是那裡，那就是能解決你問題的方法。」

看到沒，魔鬼就是最糟糕的那種推銷員，淨說你想聽的話、讓你看你想看的事。他不會走到桌前宣布說要殺了你。他就是來引誘你的。但歸根究底，他推銷給你的不是真相，賣給你的也不是生命。都不是。他推銷的是謊言、賣的是死亡。

魔鬼口中另一張更好的桌子就是一種比較的詭計。魔鬼總會告訴你，別處的桌子更好：「你就應該要離開配偶跟別人在一起，那種生活會更好，對吧？只要你跟別人在一起，那是解決所有問題的辦法。」、「在這個世界上你肯定要跟別人一起競爭，那些人可沒有跟全能的神坐在一起。」、「如果你能放下心中那些真理，用你自己的想法去做想做的事，就能得到想要的東西。」、「坐到另外一張桌子吧！去一個沒有上帝的地方，你會得到更豐富的生命、食物、滿足、喜樂，以及更多你想尋找的東西。」

別被騙了。魔鬼最喜歡讓你檢視自己的生活，然後和他人做比較，如此一來你就會希望也能擁有他人的生活。他會摻雜一絲絲的妒嫉和一些些的貪婪，再加上淡淡一句「我好可憐」，最後還補上幾句話，告訴你上帝其實更愛別人，或說上帝給別人的祝福更多，或說上帝對你的需要肯定有所保留。沒多久魔鬼就能說服你，讓你相信上帝其實也沒那麼好，沒有祝福你，也不愛你。你總與好事擦身而過就是因為上帝很刻薄，遺忘了你，或上帝一直都在騙你。

這就是一種「別人更好」的心態。如果你沒能穩穩地與全能者同桌，如果你的眼神沒有鎖定在好牧人臉上，很容易就被肆虐的比較行為所干擾。轉頭看看周圍，你看到了什麼？

- 鮑伯在公司如魚得水。做做表面功夫很管用。這就是為什麼人家開了新車，你還在為了想給孩子買台代步車而省吃儉用。這也是為什麼人家夫妻可以在後院裡造了石頭瀑布的水池。
- 看看茉莉。她的貼文內容都很美好。優秀的孩子、愉快的假期，還有她丈夫榮尼在房子後面為她蓋的小屋。
- 你在健身房認識的柯特終於決定拋家棄子、擺脫煩人的丈母娘，現在跟一個新小妞住在索諾馬。他看起來無憂無慮很快樂。
- 阿尼塔退出教會（並且辭去在無線電話公司的基層工作），現在在猶他州玩露營車。不用承擔責任，不用做出承諾，更沒有包袱。

敵人巧妙地勾勒出一幅引人入勝的自由圖景。就在那裡——那裡的草永遠更綠，別人的生活永遠更好。那些讓你覺得可以逃避承諾、隨心所欲的行事想法並非來自耶穌。祂的到來是要賜予生命，並全心給予照護。

當你閱讀上述內容時，是否覺得你離認知中的正確與美好越來越遠？是否考慮放棄你承諾過的事？是否快要做出違背上帝的選擇，做出某些你知道會後悔的事？又或者你是否已經遠離耶穌，而且覺得所謂的「別人更好」唾手可得。若是如此，敵人已經上桌了。

但你不必這樣生活。耶穌正在呼喚你回到祂的餐桌，回到屬於你們兩人的餐桌。你無須邀請敵人入座。

謊言二：你注定會失敗

再來，當你相信自己不可能做到時，敵人肯定跟你同桌坐下了。他的聲音告訴你，人生沒有希望、沒有出路，你也可以拋下一切，然後等待死亡。

當有人問起最近過得如何，我們通常會回答：「哎，我不知道能不能撐過這一季。我不曉得能不能度過這學期。我不曉得這次能不能過關。」

你有沒有聽自己說過類似的話？你這種想法是從何而來？你是從哪聽到這些陰暗懷疑的聲音？絕對不是來自你的好牧人。這聲音多半是來自跟你同桌的敵人。

你看，上帝剛剛才告訴你，縱使你要走過陰森山谷，也不必懼怕災害。有沒有抓到關鍵詞：**走過**？牧羊人沒說你是**走去**山谷，祂說的是**走過**山谷。換句話說：你會成功的。

那是「即使／我仍然」的信念在心中得到發展。即使眼前困難重重，上帝的棍杖與你同在；即使日子艱難，但你不孤獨。上帝知道你正經歷一段艱難的時期，祂也知道路上黑暗，但祂不曾應許幫你擺脫困境，祂應許的是會陪你度過難關。兩者之間是有很大區別的。

你不會聽到好牧人說你做不到，也不會聽到好牧人告訴你反正生活沒有希望、沒有出路，要你何不放棄一切、撒手不管，然後等待死亡？這絕對不是好牧人的聲音。好牧人會告訴你：「我們會穿越這座山谷，我會一路與你同行。然後猜猜怎麼著？我們到達另一邊時，你就有故事可說了。」

這就是上帝如何在埃及將受奴役的子民拯救出來。祂不是在紅海上架橋，而是將大海分開，讓子民穿過。很多時候，上帝的計畫不是在渾水上為你架橋，而是賜你恩典與力量，讓你奇蹟般地**度過**難關。「你跋涉海洋，跨越深淵，但是你的足跡無處可尋」（詩篇77:19）。無論你現在身處何種情況，你都會**度過**，而好牧人會與你同行。

我們很容易就會想要重寫自己版本的〈詩篇〉23篇，會說與我們同桌的只有上帝，沒有敵人。基督徒常說他們如何熱愛且渴望上帝的同在，他們會禱告說：「主啊，您今天會與我們在一起嗎？」但猜猜怎麼著？上帝早已給予禱告者一個肯定的答案了。

使徒保羅在〈哥林多後書〉13章5節說：「你們應該知道耶穌基督在你們的

生命裡。」我們有道成肉身的神學，這意味著耶穌住在我們裡面。有時我們會感覺到上帝以一種特殊或超自然的方式陪伴在身邊。但我們無須像古時的上帝子民，將看到上帝的希望寄託於雲彩或火光之上。

有趣的是，在新約中沒有一句經文是鼓勵我們去尋求或慶祝上帝的「同在」。為什麼？因為上帝透過耶穌成為可見的形象（在那三十三年中，上帝是有一副人類皮囊、是有形的），也透過聖靈住在我們裡面。我不再尋求耶穌的同在，我尋求耶穌的人。我也不再追求聖靈的同在，我想要的是聖靈的人和力量。我不是在呼求上帝的同在，我有神（父、子、靈）住在我裡面。

上帝應許與我們一同面對敵人。在水深火熱、在絕望無助、在世界分崩離析時，耶穌與我們同桌。上帝不會幫我們解決困境，祂會讓我們經歷困難，而祂與我們同在。

你是否曾一度覺得自己沒有希望？你不會沒有希望的。耶穌就住在你裡面！你無須邀請敵人入座。

謊言三：你毫無價值

第三，如果你聽到有聲音對你說「我還不夠好」，說明敵人正與你同桌。面對這個謊言必須非常小心，因為聖經說要懂得謙虛。但也正如我們常聽到的一句話：**謙虛不是小看自己，而是少想自己**。我們很容易將兩者混淆，認為小看自己就是榮耀上帝，但事實並非如此。你是按照上帝形象所造的個體，這當然不代表我們從此就可以昂首闊步、彷彿「一切都與我有關」，但也不是要我們沉溺於「我什麼都做不到」的悲慘心境。這兩種結果都是魔鬼想看到的：要嘛過度膨脹自我，要嘛過度低估自己的重要性和價值。

在這種情況下，如果你傾向後者，我會很樂意鼓勵你——你只是覺得自己還不夠好。無論你取得什麼成就，或是過去多年來你從神的話語中聽到多少真理，你就只是不相信自己夠好罷了。

或許有人說你永遠一事無成，或許另一半離開了，或是父母離異，又或是你等待的人始終沒朝你走來。可能你一直希望自己看起來像某某人，或是想擁有某個朋友所收到的禮物。或許，在某個時候，一輛充滿罪惡感的運輸車出現在你的故事裡，往你身上倒下一車的羞愧。無論你多麼努力，不管你做過什麼，你永遠覺得不夠好。如果你這麼想，肯定有人會表示同意。當然，這些人在你面前也會表現得很友好。但你更清楚他們內心的真實想法。

事情是這樣的：你要知道「不夠」這首歌是在地獄的深淵中譜出的，這是極有害、削弱力量、使人癱瘓無力、令人窒息的。這不是來自好牧人的聲音。如果你聽見這聲音在耳邊不斷重複，你這桌肯定有敵人。

這個謊言並不是真正謙虛的反應，而是朝你腦袋打來的一棍。這謊言會在你耳邊呢喃，說你很沒用。你永遠得不到你想要的。你曾經被呼召在教會裡帶領小組嗎？這個謊言會堅持說你做不到。作為跟隨上帝的妻子和母親，你是否被呼召以正直、同情、仁慈和力量帶領你的家庭？這個謊言會告訴你，你不夠好，你永遠不會有成就，所以不用費心嘗試。你是否相信上帝愛你是因為祂創造了你、說你是祂心愛的孩子？謊言會試圖說服你，讓你相信自己是個被拒絕的人，說你是一個毫無價值的罪人，永遠都是。還會說你不是上帝的孩子，上帝討厭你。

相反的，看看桌子對面，將目光停留在對面的神。你可有看見一絲蔑視或為你感到羞恥？你是否注意到祂為你舉起水杯、拿起水罐為你倒水的雙手上的傷疤？沒錯，耶穌是聖潔的化身，但是，是祂邀請你來，為你訂好桌子，準備餐點，和你一同坐下。而這場預約讓祂傾盡所有。

我們在〈約翰福音〉中看到，好牧人耶穌「願意為羊捨命」（10:11）。耶穌為了要與你同桌，已經把一切都拿出來了！你無須邀請敵人入座。

謊言四：大家都跟你作對

不久前，我跟一個剛辭職的人聊天。我問他原因，他說公司裡大家都討厭

耶穌邀請你來，為你訂好桌子、
準備餐點，和你一同坐下。
而這場預約讓祂傾盡所有。

他。我以為他在另一間公司工作，我說了公司的名字。「不是，」他說：「我前幾年也是在另一間公司工作，後來也辭職，那裡每個人都跟我作對。」

不久後，我發現他也跟妻子分開了。我問他發生什麼事，他總結情況說：「她父母打從一開始就不喜歡我，她家每個人都討厭我。」

「真的嗎？」我心想。

當你相信「大家都跟你作對」這個謊言時，你就會確信每個人都討厭你。你工作中的每個人都討厭你，家人都不喜歡你，教會裡的每個人，你的牧師、教授、父母、小孩、朋友、同事、鄰居通通不喜歡你，甚至連服務生都會在你的湯裡吐口水。

如果你聽到有個聲音告訴你「大家都在跟你作對」，說明敵人正與你同桌。這是一種以恐懼為出發點、不合邏輯的聲音，是一種偏執、一種鼓勵你不要相信任何人的聲音。

當然，這種謊言還有更巧妙的存在形式。敵人擅長埋下懷疑的種子、破壞你對上帝聖言的信心。或許你沒有直接聽到「討厭」一詞，但你可能會聽到自己說：「我走進辦公室時，那個人連頭都不抬，我敢打賭她不喜歡我。」、「看看那群人，我敢保證他們在說我的壞話、想抓我的小辮了。」、「看看我那朋友，我敢說她再也不想跟我說話了。」、「我沒有朋友。我所有的朋友做任何事情都不會想到我，也從來沒人邀請我去哪裡。沒人喜歡我。」

真相是什麼？對，可能有人討厭你，這是肯定的，但絕不會是**所有人**都在跟你唱反調。如果你聽到謊言的聲音，最有可能的反應就是握緊拳頭、準備出擊。過去的某個時候，你發展出了防禦姿態，一種不信任的天性，而現在這已經成了你的預設值。你已為自己豎立起又高又厚的牆，有人甚至說你四周築起的高牆堅不可摧。過去傷害過你的人，你不會再讓他們有機會靠近。你發誓——無論說沒說出口——你要先下手為強，在別人打你之前先動手，在別人離開之前先轉身，在別人輕視你之前先蔑視對方。這些通常就是隱藏在謊言背後的目的。

事實是，你必須讓好牧人帶領你走過平靜的水域，你需要讓祂使你躺臥在青草地上。奉主耶穌的名，你要祈求上帝更新你的靈魂，引導你走上治癒和恢復的正確道路。你或許會被壓力、麻煩、不確定性和誤會所包圍，但上帝已經在這一切中間為你設好一張桌子。上帝在背後支持著你。上帝不是什麼手無縛雞之力的弱者，祂是萬物之主，所有的力量、權力和權柄都屬於祂。祂是宇宙之王。當上帝與你一同走過山谷，你就無須擔心結果如何。你也不必再時時回頭提防，也可以拿掉準備好的拳擊手套了。

在我收到「你無須邀請敵人入座」這則簡訊後沒多久，我到海外做演講。會議的領導人和團隊成員在後台的房間裡圍成一圈禱告。他們把我和後續課程的講師帶到房間裡。眾人圍著我們，把手搭在我們身上，象徵將耶穌的能力和支持授與我們。

禱告時間結束後，一位素未謀面的女性走到我面前，低聲分享方才禱告時，她感覺到靈魂裡有陣起伏。「有人想絆倒你，」她說：「可是不用擔心。上帝支持著你。」我的心頭一陣顫抖，畢竟我離家千里，這裡應該沒人知道我當時經歷了什麼。我永遠不會忘記那一刻，每當我覺得情勢對我不利時，我都會在心裡重複告訴自己：「路易，不用擔心，上帝支持著你。」

你有沒有對自己說過這個真理，尤其是在緊張的時刻？當你我用這個真理提醒自己，就更容易放下恐懼，把注意力從自己身上移開，敞開心扉去幫助別人。

上帝是支持你而不是反對你的這個真理至關重要。如果你不相信這一點，你就會頻頻回頭、擔心有人從背後傷害你。這種擔心會帶來錯誤的故事發展，導致你不斷扮演受害者的角色。你會錯失接受「人們愛你」這個事實所帶來的自由和鼓勵。想得到愛，你得先從根本上認同上帝，並且開始愛自己。如果長期以來，你的認知就是「我在對抗全世界」，那改變之初可能會讓人害怕不安。但你不是生來討厭自己的。要知道，你是被愛的。

很抱歉，如果你攥緊拳頭走來走去，你就看不見桌上的豐厚食物。〈詩篇〉

23篇5節寫道：「你用油膏了我的頭，使我的福杯滿溢。」如果你對羊所知不多，對用油膏頭的體會可能就不深。羊群最大的天敵不是大壞狼（雖然狼群肯定是個威脅），而是微小的寄生蟲和蒼蠅。蒼蠅是麻煩的預兆，它會在羊鼻的軟組織中產卵。噁心吧？你能想像鼻孔中有一座蒼蠅繁殖工廠，呼吸是什麼感覺嗎？寄生蟲會寄生在羊隻眼睛和臉部周圍的羊毛中，引發皮膚疾病和疼痛。所以牧羊人會在羊頭抹油作為保護層，防止這些惱人的刺激物在羊隻的臉部和鼻子周圍的羊毛裡找到安全的避風港。而上帝則想透過祂的話語，保護你免於惱怒、謊言和欺騙。

但還有一點。耶穌希望用餐桌上豐盛的食物來反映你的生活。定期與主共餐的人都知道何為慷慨。你無須囤積上帝的祝福，你可以把牛排分給周圍的人，甚至是你的敵人！為什麼？因為你可以。你桌上的食物不虞匱乏，你可以大方與眾人分享——甚至是可能討厭你的人。緊握雙拳是做不到慷慨以對，唯有攤開掌心，你才能給予。

這張桌子可以將你的故事從「大家都討厭我、跟我作對」變成「上帝為我而在、支持著我」。慷慨分享餐桌上的豐盛食物，會讓你變成一個懂得分享愛的人。或許某些人會拒絕你，但你也可能會很驚訝地發現，身邊也有許多人正在等待某人抬頭、想得到愛。

全能的主是支持你的，所以大家沒有與你作對。你無須邀請敵人入座。

謊言五：沒有出路

如果你覺得被包圍，沒有出路了，說明敵人正與你同桌。

這是敵人典型的謊言，更是綜合本章上述內容的終極謊言。敵人讓你相信你已無處可去、無處可逃、無路可走，你再也沒有機會自由地生活了。

做出壞決定的後果從一邊逼近，另一邊則是眾叛親離。你的名聲毀了，你會失去工作，再也回不到原本的社交圈，你不相信任何人，也無計可施。你面對著巨大壓力、放棄、缺錢、離群索居等各種窘境。或更糟，想離開這個世界。

我經歷過各種困境，知道這些感受有多麼難受，因此我也不打算騙你說做到我的建議是件容易的事。如果你覺得被包圍、找不到出路，我有一個能改變結果的好消息告訴你——**你是被包圍了！**但這件事比你想的更美好。

以利亞（厄里亞）被尊為全以色列最具神蹟的先知之一，他是活在神蹟中的受膏者，曾在迦密山上向假先知發起挑戰、降火顯應。在上帝的指示下，以利亞將恩膏傳給年輕的以利沙（厄里叟），他是先知，也以信心見證了上帝的大能。

在戰爭與衝突的年代，亞蘭王（阿蘭王）對以色列人施壓，想盡辦法破壞上帝的城市與子民。但上帝向以利沙透露敵王的計畫。「以色列王把神的人的話警告住在那地區的人，他們就嚴加防備。同樣的事發生了好幾次。」（列王紀下6:10）亞蘭王很困擾，不計一切代價要捉拿以利沙。

以利沙和他的僕人去了多坍（多堂）。當亞蘭王發現就是以利沙向以色列王洩漏作戰消息時，他派出一大隊人馬和馬車要抓捕以利沙。他們在夜色中抵達，隨即包圍該鎮，當時以利沙還在睡夢之中。

僕人那晚沒睡好，輾轉反側，外頭的任何動靜都讓他感到不安。是有人在外面嗎？有危險嗎？以利沙安全嗎？第二天清早，已經醒來的僕人到屋外查看，不敢相信眼前所看到的畫面。小鎮已經徹底被包圍。亞蘭人找到以利沙的下落，並趁夜整備、進入作戰狀態。已經找不到出路了。

僕人趕忙叫醒以利沙。「老師，我們糟了。怎麼辦呢？」

以利沙可以選擇害怕退縮，又或是選擇抬頭仰望。他選擇仰望、依靠「即使／我仍然」的信念。他說：「不要怕！我們這邊的人比他們那邊的還要多呢。」接著，他開始禱告，不是為了他自己，也不是為了從追擊的敵軍中脫身，他是為了僕人禱告。很奇怪，不是嗎？他為什麼要這麼做？

以利沙禱告說：「上主啊，求你開他的眼睛，使他看見。」

你可能會覺得，僕人的視力沒問題啊，他不用戴眼鏡也能看見一百公尺外的戰車，還推測出只能以他和以利沙兩人之力，對抗眼前約數百人的兵力。他看得非常清楚，知道他們已經被逼到角落，這是一場困獸之鬥。

但他為什麼**沒看到**是什麼原因讓以利沙如此禱告？

他**沒看到**包圍該城的軍隊正被永生神的天使軍隊所包圍！

「上主聽了以利沙的祈求。以利沙的僕人往上一看，看見山邊布滿了火焰車和火馬，圍繞著以利沙。」沒錯，他們是被包圍了，他們是被神的力量所包圍。

同樣的道理也適用於你我。或許環境步步逼近、敵人摸黑佔據有利之地，你的整個世界都受到威脅和指責，被仇恨所包圍。但問題是：這只是一半的故事。另一半的故事內容，你得看看同桌的敵人怎麼想——他希望你相信天數已盡、沒有出路了。

但神的靈正為你祈禱：「主啊，打開他屬靈的眼睛；父啊，讓他用信心的眼睛去看。」

上帝已經包圍了你周圍的一切人事物。你無須邀請敵人入座。

你值得這一切

我終於決定要向雪萊求婚時，當時我住在沃思堡，但準備回亞特蘭大過耶誕。雪萊也從休士頓飛去亞特蘭大跟我家人一起生活幾天。當時，我需要一枚戒指。

還在讀研究所、來自工薪中產階級家庭的我，想買個適合的鑽石得努力攢錢。幸好有個朋友幫我聯繫上達拉斯鑽石批發市場的經銷商，我才稍微能喘口氣。我傾盡所有換來一顆漂亮的石頭。但那是一顆裸鑽，回家之前我也沒時間拿去做成戒指。

如果你的鑽戒是從珠寶店買來的，就會裝在天鵝絨的翻蓋盒中。但如果你是從進口商那裡買來的裸鑽，就只能用一小張蠟紙把這顆珍貴的寶石包走！

幾天後，當我拿著鑲好的鑽戒跪下，將它遞給雪萊，請她與我共度餘生時，我手裡捧著的是我所有的家當。我為什麼這麼做？因為對我而言，雪萊值得我付出一切。

這就是上帝為你準備的餐桌美妙之處，是神此刻在等待你的奇蹟。上帝沒有發訊息或差人告訴你你有多珍貴。祂親自到來，也付出了代價，祂就是禮物。祂用了永恆（字面意思）的時間等你加入。祂就坐在對面告訴你，你值得這一切。

當敵人說你不夠聰明、不夠強壯、沒有背景、不夠美麗、不夠重要……的時候，請你抬起頭凝視著主，聽祂說：「女兒，兒子，我只想**跟你同桌**。」主有賜永生的話語（約翰福音6:68），會發出威嚴的響聲（詩篇68:33）。祂的聲音會淹沒敵人的所有謊言。靠著祂的恩典，你可以拿回在自己餐桌上的發言權，並把魔鬼踢出晚宴。奉主耶穌的名，魔鬼只能逃離。

第五章

跳出罪的迴圈

正面迎擊有害的想法與誘惑

Don't Give the Enemy a Seat at Your Table

需要進行調整。

在過去十年裡，我有幸與友人切特・威廉姆斯（Chette Williams）一起服事，他是奧本大學（Auburn University）足球隊的牧師，這也是我從小就喜歡的球隊。能與球隊近距離接觸，看著切特服務和鼓勵球員、教練及職員的方式，對我來說就像是夢想成真。能與這些年輕球員一起同甘共苦、並肩作戰是一種榮幸。

我的角色就是當球隊的友人，扮演支持的角色。作為觀摩比賽的學生，我尤其喜歡在中場休息時，跟球員和教練一起待在更衣室的時光。作為看台上的球迷，你永遠沒機會知道球隊內部發生了什麼事。在中場休息時，你可能會因為喜歡的球員跑陣推進而感到雀躍，或是信心倍增，知道球隊會達陣三次贏得比賽。但在更衣室裡，你會看到球隊重新調整戰略、提升戰力。

教練對比賽的觀察是多面向的。他們會注意自己球隊的進攻與防守，知道球隊要採取的戰術，但他們也會通過無數次觀察對手先前比賽的錄影畫面，判斷對方在各種情況下可能採取的策略。教練看到的是比賽的整個布局。

所以在中場休息時，球員會魚貫進入休息室，迅速補充水分和能量零食。真正的好戲才要開始。攻守兩方會分別站在休息室的兩側，教練團會把投影片打在牆上或畫在白板上，然後其中一名教練會說：「好，只要我們採取XYZ，他們就會用ABC來防守。他們會把這兩個人放在這裡，那個人在那裡，看起來好像要往這裡跑，但實際上是另一個方向。他們想這樣阻止我們進攻，所以接下來，當他們採取ABC時，我們就要做123。我們在上半場是一種打法，但下半場我們會這樣做。」

一個偉大（且往往能帶領球隊得到勝利）的教練，就是要懂得適時做出正確的調整。

現在試想一下：你是按照上帝形象所創造的偉大之人，你是上帝的傑作、是上帝的兒女，祂希望能讓你擺脫障礙、免於一切束縛。上帝希望你活在祂為你準備的一切可能性之中。現在是時候認真看待勝利了，因為上帝給你機會發問：**對手會怎麼反擊？敵人會對我做什麼？我可以做什麼調整？**你可以贏得這場內心的爭戰。

未經檢視的想法

是時候調整你自己了。請冷靜而誠實地檢視你是否已經讓魔鬼坐下了。想想我們之前討論過、〈詩篇〉23篇所應許你的：耶穌已在敵人面前為你準備了一桌盛筵。生活壓力包圍著你，但全能的上帝還是邀請你坐下用餐。一旦你讓魔鬼坐下，他就會鑽進原本只屬於你和上帝的晚宴之中。敵人會開始吞噬本屬於你的豐富生命。這麼說好了，他正吃著屬於你的午餐。你開始走向罪惡和死亡的道路。

這裡說的死亡，指的是屬靈上的死亡，這不是對信徒的永恆譴責，而是指你與上帝之間的親密關係遭到破壞，靈魂與上帝分離。聖經明確指出，沒有任何事物能夠使我們跟上帝的愛隔絕（羅馬書8:38-39），但如果耶穌的跟隨者主動選擇與上帝保持距離，那就另當別論了。如果魔鬼跟你同桌而坐，罪就會充滿你的內心，腐蝕你的良心，破壞你與主的親密和諧。當你的生活中有罪，你就會失去平靜、效率、自信和喜悅，與環境和他人的關係陷入緊張。你沒辦法充分發揮上帝所賦予的潛力。

你的想法和感受會陷入與罪惡和誘惑不斷糾纏的迴圈之中，讓情況越變越複雜。或許你注意到，人們有重複犯同一種罪的傾向。或許你注意到，你的人生中發生過類似情形。有時這種迴圈會跨世代，曾經發生在你祖父母身上的傷害模式（包括行為和態度）傳給了你父母，然後你看到同樣的特質發生在自己、在下一代身上。有的時候，這種迴圈是個人的。當生活變得困難，我們就會回到熟悉的罪，即便知道那有害。不管是哪種，我們都必須打破迴圈。所以，我們要清楚知道撒但的詭計，免得撒但佔了優勢（哥林多後書2:11）。

迴圈是這樣開始的：一個不是來自上帝的誘惑或思想進入到你的心中。我們在這裡打住，看清現實。如果這個帶有傷害性的想法進入到你心中，這絕對不是來自上帝的訊息。我們必須清楚這一點。這類想法是來自敵人，而敵人經常利用我們自身的慾望來攻擊我們自己。敵人是怎麼辦到的？〈雅各書〉1章13至15節是這麼形容迴圈的：「人如果經歷這種試煉，不可以說：『上帝在試誘我』；因為上帝不受邪惡的試誘，也不試誘人。一個人受試誘，是被自己的慾望勾引去的。他的慾望懷了胎，生出罪惡，罪惡一旦長成就產生死亡。」

我們是被自己的慾望所「勾引」的。這意味著敵人對你我的生活早有盤算，而他的計畫就是要埋葬我們。你和我都不是離群索居、時時刻刻能做出中立選擇的人。正如雅各（雅各伯）所說，我們都是住在戰場上，貼上了上帝形象的標籤，並且成了敵人的目標，敵人會利用你自身的慾望來反噬你自己，因為敵人討厭上帝，想要摧毀一切與上帝相關的形象。

請注意以下這件事！敵人想要扼殺你的夢想，想埋葬上帝植入你心中的使命，想偷取的你的自我價值感、自信和希望。他想要摧毀你的婚姻、破壞你的親子關係，想要毀了你的好名聲並毀謗基督的名。他有無窮盡的時間等待，時機一到，下手從不留情。他準備讓你走上毀滅之路的方法，就是在你心中植入與「上帝為你好」相反的想法，用這個想法引誘你，進而讓你潰爛。

儘管敵人不懷好意，但你不必感到害怕。〈約翰一書〉4章4節中指出：「因為那在你們裡面的靈，比屬世界的人裡面的靈更有力量。」這是你需要記住的經文。我也不希望你過度與魔鬼糾纏，認為發生的每件壞事都是直接源於他。如果你一早準備出門工作，發現車子無法發動，而你一心只想著如何把撒但從引擎蓋裡拉出，那你大概永遠都出不了門了。你需要的只是幾根電線，因為是電瓶沒電了。

然而，你也不能閉著眼睛過日子，認為這是一個安全、中立的世界。真實敵人是存在的，而且他時時刻刻都想灌輸你有害的想法，最終目的就是消滅你。他最常用的損招之一就是這些未經檢視的想法。我們必須停下來。這也是為什麼要在中場休息時間進行調整。

魔鬼的釣魚竿

罪一開始看起來很美好，甚至有幫助。我們便傾向於相信這些誘人想法就是眼前壓力的解決之道。但要小心。〈以西結書〉（厄則克耳）28章12至17節告訴我們，撒但曾是上帝座前的天使，但因悖離上帝遭到驅逐；〈以賽亞書〉14章12節描述曾如明亮晨星的撒但從天上墜下。

你需要認真看待敵人，因為他的本性脫離不了欺騙與誤導。〈創世記〉將邪惡生物描述成上帝所創造的動物當中「最狡猾」的，這意味著他狡猾、詭詐、欺騙。他是在玩一種騙局把戲——先讓你看到小球藏在哪個杯子裡，然後透過換來換去的手法，讓你永遠摸不著頭緒。

魔鬼也絕不可能直接跑到你面前宣布要毀了你。他不會讓你看到你因為失去最信任的人，十八個月後獨居在出租房內的畫面。他也不會放投影片一步一步說明他對你的毀滅計畫。相反地，他只會從側門溜進來，然後勾引你，像釣魚般等你上鉤。

釣魚時，你絕不可能跳上船、划到湖中央，然後拿出擴音器大喊：「嘿，魚！注意聽好！我準備要拋出鋒利的魚鉤，你要來咬鉤！我會非常用力拉線，把你卷回來，再用鉗子把魚鉤扯出。這是倒鉤的鉤子，你的嘴巴會血肉模糊。然後我會把你丟進冰桶，帶回岸上，刮掉你的鱗片，清除你的內臟，最後把你放在熱油鍋裡煎熟。還有問題嗎？來吧！」

不可能吧。釣魚時的你會變得狡猾，你會檢查溫度、風速還有水面的影子。你會問問其他釣客，拿出釣具箱，根據湖泊和魚種選擇誘餌。魚鉤看起來既不明顯也不可怕。誘餌閃閃發光、顏色鮮亮，在水中旋轉著，像是在宣布：「免費午餐！這裡有很酷的東西！」釣客會想辦法迷惑、引誘魚兒，他要讓魚兒睜大眼睛和嘴巴去追逐閃閃發亮的誘餌。釣客絕不會大肆宣傳魚鉤的存在，他只會擺出獎品，而背後目的就是要讓大口黑鱸先生咬鉤。

魔鬼握著釣魚竿，我們必須時刻提防魔鬼的誘餌。當誘惑或有害想法出現時，看起來可能不會太糟——至少一開始不會。最初，所有承諾的事情都很美好。罪提供了解決問題的辦法，罪保證能讓你得到解脫。如果你處於低潮，罪能使你情緒高漲；如果你被困住了，罪能使你走出去；如果你經歷悲慘遭遇，罪能安慰你；如果你感到憤怒，罪會提供完美正義；如果你感到孤獨，罪會成為你最好的朋友。

全部都是謊言。

所有的偽善和虛假的解決之道，所有的解脫、安慰、正義、愛和承諾都毫無意義。罪不是你的朋友，也不是你的夥伴。罪不會跟你站在同一陣線，也不會支持你。罪從來就不是它所說的那麼神奇、有如仙丹妙藥。罪是海市蜃樓，只會亂開空頭支票。

敵人會透過引誘和謊言來影響你的生活。他會承諾他做不到的事情，會挑戰上帝的真實性，會攻擊上帝的品格和意圖。例如，敵人會說「上帝肯定會阻止你，你不能相信祂」，就像他告訴夏娃「如果你吃下這果子，你的眼睛就會睜開，你會變得跟上帝一樣」。敵人會從你的基本需求下手。我們都需要被接納，也需要價值感、滿足感、成就感和喜悅感。敵人則會不斷拋出誘餌和謊言，說：「這能滿足你的需求，咬一口吧。你值得擁有快樂啊。」

再加上敵人經常會利用他人促使我們倉促做決定。有時候我們得改變交友圈，避開在我們做蠢事卻還在一旁敲鑼打鼓的人。或許你是跟錯誤的人搭上同一台電梯，結果這條路不是通往上帝，而是直達充滿失敗的地下室——敵人生活的地方。愛發牢騷的人喜歡找伴，而生活悲慘的人總希望身邊的人也跟著失敗，不會希望看到別人成功。

不要相信謊言，不要追逐誘惑，更不要邀請敵人入座。

與有害思想搏鬥

在此我要先澄清，當你腦海中第一次浮現有害想法或誘惑時，不代表就是罪的顯現。耶穌也曾被試探過。敵人會以他的方式傳播有害思想。事實上，魔鬼曾在曠野與耶穌對話（馬太／瑪竇福音4:1–11），耶穌聽到了魔鬼的話，但從未選擇接受魔鬼的聲音。你看，當一個具有傷害性的想法或意圖出現在心中時，我們是有選擇的。可以選擇忽視，又或是隨之起舞。如果選擇忽視，那很好。但如果選擇隨之起舞，就是魔鬼坐下了。一旦接受有害想法並讓其在心中生根，罪就會發生。

耶穌在山上寶訓中教導了這一點。人人都有不健康的想法，覺得「反正我又沒有付諸行動，應該也無傷大雅」。但在〈馬太福音〉5章21至22節和27至28節中提到，耶穌推翻了這種想法。祂告訴眾人：「你們覺得只要沒有真正殺人就沒事，但猜猜怎麼著？如果你恨一個人恨到希望他去死，這跟謀殺一樣應接受裁判。如果你覺得只要沒有跟配偶以外的對象真正發生關係，這應該沒關係，但猜猜怎麼著？哪怕你只是因看見他人而心生邪念，那也是錯的，你已經在心裡姦污對方了。」

在思想上跟有害想法一同起舞，與實際執行該想法是一樣糟糕的。關鍵在於，我們很容易覺得只是想想又沒真做，這不是罪。但事實是：想法本身就已缺乏對神的榮耀。當我們在心中隨之起舞，該想法就混淆了我們與主之間的關係。思想佔據心靈，使我們偏離正軌。〈羅馬書〉12章2節提出嚴正警告：「不要被這世界同化，要讓上帝**藉由改變你的思想**來改造你們，更新你們的心思意念，好明察什麼是他的旨意，知道什麼是良善、完全，可蒙悅納的。」

而令人心驚的現實是：一旦有害想法在心中成形，誘惑終將被付諸行動。

就是這樣。

有時人們會堅持認為，有害想法不見得會化作實際行動，但我不這麼想。有害的行動往往源於有害的想法，而這些想法隨著時間發酵，終將成為行動。必須停止有害想法。一旦隨之起舞，時間久了，它將成功佔據你的內心。

有時我們會真的做了心中所想的有害行為，而有的時候，這種轉變只是我們對罪的態度改變了。我們緩緩朝罪傾斜。但不管是哪種，有害想法都會導致我們受到負面影響。如果你想著要外遇，或許你真的會外遇。又或者，你在心中無數次反覆想像外遇之後，你會覺得這也不是什麼壞事，外遇還成了有利的事情。外遇為你打開了大門。外遇是解決婚姻問題的辦法。這全是謊言。

這就是為什麼敵人的誘惑很危險：罪通常會讓人感覺美好，但只有片刻。我們在教堂的故事裡經常跳過這部分，但如果要識破敵人的詭計，這件事就必須攤開來說。罪可以很有趣——至少有一下下是如此。〈箴言〉14章12至13節清楚說明這一點：「有些道路看來正直，卻是導向死亡之途。歡笑也許可以掩蓋愁苦；歡樂一過，憂傷仍然存留。」我可以對這段經文按個讚嗎？〈箴言〉中的這段描述，聽起來就跟許多人對週末的形容一模一樣：「這週末我們玩得很開心，時光太美好了。可是啊，明早起來又是悲劇了。」

摩西（梅瑟）是法老女兒的兒子，他有機會在埃及王宮享受特權生活，但〈希伯來書〉14章12至13節說，摩西選擇「不願在罪惡中享受片刻的歡樂」。他選擇了另一個方向。罪惡的歡樂令人享受，但這歡樂卻**不持久**，而且也絕不是能榮耀上帝的歡樂之道。罪惡的歡樂無法帶來平安或滿足，只會導致傷害、分離、失望和羞愧。

這就是敵人的手段。魔鬼會向你展示誘餌，一旦你咬下，就會發現魔鬼先前的承諾全是假的，最後你的下場就是在罪惡的迴圈中下沉，通往羞愧、分離和毀滅的深淵。

選擇罪惡永遠不是解決問題的辦法

有時人們表示，討厭上教堂是因為教堂會讓他們心生內疚，但不是因為牧師說了什麼，而是他們自覺有愧。上帝創造的人們是要敬愛祂的，如果忘記這一點，靈魂就會出現負面聲音。當我們選擇罪惡，就會感到沮喪、內疚、羞愧，覺得自己的表現遠不及上帝的期望。這種挫敗感往往來自本身。我們會咬牙嘀咕著：「我真不敢相信我又這麼做了。我真不敢相信我又去那了。」

這是瘋狂迴圈在作怪。一開始只覺得有些失落或出現麻煩，心裡覺得不太好，所以想尋求解決之道。此時，附近伺機而動的敵人就會迅速行動，讓我們發現敵人手中的禁果，而且這禁果看起來還不賴。接著，你內心開始糾結，甚至猜想上帝為什麼不讓我們碰這東西。是因為上帝根本不愛我們嗎？於是，我們將想法化為行動，直接咬了一口禁果。果實入口的瞬間嚐起來很美妙，但吞下去之後，我們發現自己變得赤裸裸，並為自己所做的事情感到羞愧。

我們瞬間又重回起點，感到失落，經歷了麻煩，感覺不太好。只不過現在這種悲慘的狀態還伴隨著羞愧。做比不做更糟。

我簡單列出魔鬼的操作模式吧。如果你覺得很糟，然後為了讓感覺好點而選擇罪惡，那麼你現在所經歷的痛苦，明天一早依然還在，而且只會更糟。如果上司給你的評價不好，確實會很受傷，但如果你把喝酒當成解決問題的辦法，猜猜怎麼著？負評的這根刺明早還會插在你心中，而且你還得承受宿醉帶來的要命頭痛。

在痛苦時，迴圈可能還會再多轉一圈。在罪發生後，當我們感到悲慘與羞愧之際，敵人就開始改變策略。至此，他一直都在你耳邊說：「看到那果子了嗎？去拿它。這果子看起來很棒，不是嗎？這果子上帝一直不給你，但祂也沒說你不可以吃。我向你保證，你只要吃下去，所有問題都能解決。」但就在你吃下果子，感到愧疚、羞恥和沮喪之際，敵人的角色就轉變了，從一開始的引誘者和承諾者變成了指控者和譴責者。

現在你的耳邊全是魔鬼的聲音。他告訴你，你是他見過最蠢的人，你是有史以來最糟糕的基督徒。「如果有基督徒搞不清楚狀況，說的就是你。你沒希望了，你徹底失敗了。你這次真的搞砸了。上帝討厭你，祂生你的氣。你這個白癡。你都已經錯這麼離譜，永遠也回不了頭了。我們再來看一遍你到底做了啥吧！你太可悲了，這真是太好笑。」

很多時候，我們都任憑魔鬼指控嘲笑，我們知道自己做錯，所以只能和敵人一起嘟囔著曾經的協議。曾經用承諾作為誘餌的敵人，現在卻以指控來壓垮我們——而我們還無法反駁，只能懊惱地想：「沒錯，我又搞砸了，我知道，我知道我很可悲。」

但其實我們應該大喊：「閉嘴！就是你一直在說服我說這是個好主意，我受夠你了。我是上帝的孩子，是新造的人，這才是事實。即便我有罪，這些事實都不會改變。」你看，如果敵人可以用罪來指控你，他就能定你的罪，這就成了壓死駱駝的最後一根稻草。在敵人走到定罪這一步時，他就宣告判決了：**你不值得，你完了，你徹底失敗了，你沒有價值，你什麼都不是，你沒有未來了**。你有沒有注意到，在政府官員將建築夷為平地之前會先宣告什麼呢？

這就是敵人想對你做的事情。他想將你夷為平地。如果他可以指控你，就能定罪你。如果他能定罪你，就能毀滅你。他會高興地搓著手低聲說：「那個軟弱的小基督徒又犯了罪，開始砸爛他吧。」

好消息是：上帝與撒但最大的不同之處在於，敵人會對你定罪，但上帝是讓你知罪，這一字之差有著天壤之別。定罪是出於憎恨，知罪則基於關愛。

這次會不一樣

在與罪拉扯糾纏時，上帝不會中立地對待我們的罪。祂會讓我們知罪、看清問題，但這麼做是出於關心與愛，不希望我們繼續走在充滿傷害的道路上。如果需要調整思想生活，就會需要悔改，這就是來自上帝的提示。上帝非常希望能重新恢復你的本質，但如果你覺得自己一文不值，想退出離開，覺得自己毫無希望、徹底失敗，這種想法絕對是來自魔鬼。以下兩種聲音乍聽之下很類似，但你要仔細聆聽「對」的聲音：

定罪來自內疚，
知罪來自恩典。

定罪使你隱藏罪，

知罪促使你承認。

定罪導致悔恨（對自己的所作所為感到難過），
知罪讓你悔改（選擇另一種方法）。

定罪會促使再犯，
知罪需要徹底順服。

定罪通往失敗的未來，
知罪是通往改變之路。

在我的成長文化中，「重新獻身」（rededication）是一種屬靈上的常態。或許你也是。如果你不清楚我說的是什麼，我就用少年營和教會活動來解釋吧。

講道結束後，音樂響起，聖歌隊唱誦，牧者或傳道就會發出邀請，詢問現場是否有人願意上前領受上帝救贖。他們會先稍等片刻，如果無人上前，音樂就會再次響起，聖歌隊再度唱誦，他們會再次詢問是否有人願意將生命重新獻給上帝，邀請願意的人上前。通常此時就會有幾個人站出來。如果這是在少年營的第四個晚上，祭壇上就會站滿蜂擁而上、淚流滿面的人們。

「重新獻身」是一種善意的召喚。牧師是要說明，人們會誤入歧途，而上帝的恩典會提供給你第二次機會。就算走錯路，還是有機會能回頭，回到上帝身邊。那些站出來重新獻身的人見證了上帝的護守。他們是信徒，但犯了罪，虧缺了上帝的榮耀，現在正在尋求悔改和恢復。這樣很好。

但重新獻身不是我想做的事。為什麼？因為我已經不只一次上前、向上帝承諾這是我最後一次犯罪，但之後我總是會再犯。有時候我還會覺得我可以靠自己的力量改變人生。我去過教堂禮拜，去過少年營，參加過靈修營會，也曾在紙上寫下自己的罪，將紙丟入營火中或釘在營地豎立的十字架上，我也曾用

定罪是出於憎恨，
知罪則基於關愛。
定罪通往失敗的未來，
知罪是通往改變之路。

木棍在沙地上畫出一條線，然後折斷棍子，就像基督折斷罪的捆鎖。

你也曾做過類似的事嗎？或許不是在靈修營會或見證會上。或許你只是跪下說：「親愛的上帝，我答應您，如果這次您原諒我，我絕對、絕對、絕對不會再犯那罪。」然後你起身、鬆了一口氣。嗯，你重新獻出了一次生命。然後下個禮拜你又跪下，說：「上帝，我知道我上次說過不會再犯，對，我是說過，但這次情況不同。我保證，這次是真的。如果您再原諒我一次，我向您發誓這真的是最後一次。」

我不是要嘲笑這塑造我年少時光的教會文化，但我希望大家能從長遠角度對獻身文化認真進行審視，因為要掉入重獻再重獻的循環太容易了。罪會發生，你所答應的事情也會改變。你咬緊牙關尋求上帝的原諒，保證下次絕對不會再發生，但你又跌倒了。於是你起身，拍拍身上灰塵，向上帝認罪，又一次重獻生命。「我保證，上帝，我說話算話，這是最後一次了，真的！」

「重新獻身」往往伴隨著「我絕不再犯罪」這種做不到的承諾。重新獻身最大的問題在於，這反映出我們有在努力重整生活。我們宣誓、祈求，我們向上帝承諾會做出改變。然後，很抱歉，真心的保證無法帶來長久的改變。最危險的是：一次又一次的獻身往往會把我們帶往絕望。我們會得出「什麼也改變不了」的結論。福音肯定有問題，又或是我們自己一定有問題。

許多基督徒就會在這時候轉身離開教堂。

「反正信仰根本沒用，我不要這信仰了。上帝沒有改變我，所以別管祂了。」在迴圈的底部，我們發現自己變得脆弱、軟弱和孤立，感到空虛和絕望。於是躲了起來，逃避朋友、遠離上帝。我們模糊不清的目標（這也不是什麼新鮮事）是虛假的希望，覺得可以消失在上帝眼前。涼爽的夜晚，祂走在伊甸園裡，渴望著像過去一樣跟我們對話，但我們卻選擇用無花果葉遮住自己、試圖躲避上帝。如果上帝往東走，我們就會往西跑。

躲藏是最糟的選擇。如果你選擇躲避上帝，那就中了敵人的另一個圈套。敵人正跟你同桌，還已經吃掉了你大部分的食物。你的情緒、人際關係和精神都出現了營養不良和飢餓的症狀。一開始讓你陷入困境、你沒得到滿足的渴望再次暴露。你需要愛、平靜、理解，你需要生命中的價值、意義、目的和成就感。於是你又回到原點，看到敵人將閃亮的魚餌放在你面前說：「嘿，你需要一點快樂。還記得上次我們走在這條路上的時候，你感覺有多好嗎？至少有片刻覺得不錯吧？我們再來一次。」有害的想法又再度在你腦中浮現。但再次獻身絕對不是解決之道。

順服才是上策。

順服是我們舉起雙手對上帝說：「主啊，顯然我做什麼都改變不了這情況，但耶穌您可以。我再也不躲著您，我要敞開心房接受您的愛和您的解決方法，並且接受聖靈的審視與修復。耶穌，我將跟隨您和您的領導。您在十字架上完成了使命，最終贏得了這場戰爭。或許還有戰鬥需要我去打，但您已在岸上為我建立了勝利的陣地。感謝您的勝利，讓我得以向前。我將打開心房，接受讓您改變我生活的困難工作。我將以上帝讓您起死復生的力量來祈禱。這就是我想要的，我要將我的生命——以及我面臨的這些問題——交給您。」

這就是重新獻身的力量在發揮作用，這就是上帝如何邀請我們迎向勝利。這是個非常棒的消息！耶穌讓我們有能力去拒絕誘惑與罪的迴圈。在〈哥林多前書〉10章12至13節就能看到上帝對我們的應許：「你們所遭遇的每一個試探無非是一般人所受得了的。上帝是信實的；他絕不讓你們遭遇到無力抵抗的試探。當試探來的時候，他會給你們力量，使你們擔當得起，替你們打開一條出路。」

好好想想。

上帝會為你提供出路。

這是鐵打的事實，是全能之神給你的應許。我們不用讓敵人有拉開椅子坐下的機會。我們可以贏得內心的爭戰，過著得勝的生活。

第六章

獲得自由的心靈革命

如何拒絕敵人在你身旁坐下？

Don't Give the Enemy a Seat at Your Table

想像在沼澤中徒步的感覺，前進很困難，而你又獨自一人。你仔細觀察周圍是否有掠食者出現，卻沒注意誤入了流沙地帶。第一步覺得地面鬆軟，第二步瞬間就陷下去了。

你跪在了流沙之中。

沙不斷在流動。你被困其中，緩緩下沉。你放聲求救，周圍卻空無一人。你想方設法脫困，但卻搆不著施力點。你掙扎著，胡亂擺動著四肢想與流沙對抗，但很快大腿以下都陷在沙中，而且還持續下沉。你被困住了，內心肯定很恐慌。

時間一分一秒過去，頭頂上的陽光越發炙熱。你告訴自己絕不放棄，但卻逐漸精疲力竭。你越用力掙扎，下陷的速度就越快。你想起曾在哪聽過，掙扎只會越陷越深，於是你嘗試保持不動，但這完全違背人類的本能。你再次掙扎，試圖抓住東西，任何東西都行。泥濘的砂礫摩擦著皮膚，已經陷到腰部了，你的身體被牢牢困住。時間一分一秒過去。沙已經淹到胸前，你也沒力氣再踢，想動也動不了了。

關於流沙，有件事情你得知道：由於流沙的物理特性和重量分布，困住你的沙粒通常會在你下沉太快時聚在一起，就是所謂的「力鏈」★現象，情況也不會像你在電影裡看到的那樣，迅速下沉到連頭都看不見。現實情況是，下沉是一段漫長的過程，尤其如果你不斷掙扎，肯定會死在流沙裡。但很少有人是被沙淹死的。事實上，困在流沙中的人大多是受到絕望和曝曬的影響，最終死於疲憊。

他們是因為試圖逃脫，精疲力竭而亡。

與罪對抗也是相同的道理。我們許多人都是在糟糕的選擇中做掙扎，多年來，我們一直跟如流沙般的罪和誘惑對抗，但卻不斷下沉。我們一直掙扎，但

★詳情請看影片「如果你掉進流沙會怎樣？」（What Happens If You Fall into Quicksand?）由What If? 與 Underknown 和 Ontario Creates 聯合製作，詳見：July 24, 2019, https://www.youtube.com/watch?v=jYIZyO62V7A.

卻始終搆不著邊，無法掙脫，然後變得毫無抵抗之力。我們快要放棄了。但猜猜怎麼著？

你大可不必被罪惡的流沙吞沒。

包圍、穿上、安全、新造

你在基督裡得勝——這不只是牧師講道的內容或教會的台詞。耶穌已經贏了，現在他已經坐在上帝寶座右邊的勝利之位（希伯來書12:2）。在永恆的時間中，耶穌不再道成肉身，不為罪，祂是帶著終極的勝利再來。因為耶穌已經戰勝罪，而你也同樣能得到勝利。你可以以新身分擺脫罪的流沙，無須再因罪、誘惑和糟糕的想法對自己感到失望。你與耶穌的緊密關係和祂的勝利都將成為你獲得自由生活的力量。

更明確地說，所謂「贏得爭戰」不是因為壓力從生活中消失或是情況改變。〈詩篇〉23章4至5節一直在告訴我們，我們的一生都是在穿過陰森山谷，我們的桌子周圍也全是敵人。贏得戰爭不是因為壓力減輕。不是。贏得戰爭是因為當我們走過陰森山谷、被麻煩包圍時與我們同在的那一位。

這跟耶穌和祂的勝利又有何關係呢？我們來仔細看看。〈哥林多後書〉5章17節說我們「有了基督的生命」，是「新造的人」，而〈加拉太書〉（迦拉達書）3章26至28節說，我們是「穿上」基督，這意味著耶穌使我們煥然一新，我們完全被基督的公義所包圍。〈歌羅西書〉（哥羅森書）3章3節說，我們的生命是如何「藏在上帝裡面」。想像在房子裡的密室，或是在外套裡的暗袋。如果有東西被藏起來，會是既隱蔽又安全。我們全新的公義不會轉眼即逝，它會受到保護且安全。訓練你的思想和心靈，使其相信你就是一個新造的人。因為基督，你的公義也是安全的。

還有，〈以弗所書〉2章6節也說：「上帝已經使我們在基督耶穌的生命裡跟基督一同復活，一同在天上掌權。」這意味著在這勝利之中，我們與耶穌是一體的。如果耶穌能死而復生，我們也會跟祂一起。我們與耶穌密不可分。無論耶穌贏得什麼，那也是我們贏得的東西。全能的上帝化身為人，將世人的罪孽全部釘在十字架上。耶穌受苦而死，然後又復活了。這就是祂所贏得的戰爭。〈哥林多前書〉15章57節說：「感謝上帝，他使我們藉著我們的主耶穌基督得勝了！」訓練你的思想和心靈，使其相信你就是在基督裡得勝。

當誘惑威脅到我們，首先就是要透過改變觀點來重獲自由。與其餘生中都在罪與誘惑的流沙中掙扎，我們也可以改變思考的方式。我們要為心中的聲音負責，告訴自己：「我在耶穌裡面，耶穌也在我裡面。我是一個全新的創造。耶穌是得勝者，我要想著自己走在耶穌為我贏得的勝利之上。」

你的新想法告訴你，上帝是信實的。你一遍又一遍提醒著自己這個事實。而不斷的提醒會開始改變那些導致你失敗的舊有思考模式。罪不再是故事的結局。你的信實上帝應許了一條擺脫誘惑的道路。相信祂的應許，祂會為你打開出路，讓你從此擺脫誘惑。你可以走過陰森山谷，也可以在敵人面前用不同的想法思考上帝為你準備的一切。〈約翰一書〉5章4節說：「因為上帝的每一個兒女都能夠勝過世界。使我們勝過世界的，是我們的信心。」

你要如何拒絕敵人坐下？那就要從你的認知著手。你要提醒自己，你所有的困境，耶穌已經得勝。因為你加入了祂，有股強大的力量已經發生。無論祂戰勝什麼，那就是你的勝利。你在耶穌裡面，耶穌也在你裡面。既然耶穌贏得勝利，你現在同樣也獲得勝利。你並非僅憑一己之力在與罪對抗。你正使用著上帝復活大能的全能引擎（腓立比書／斐理伯書3:10）。這就是我們先前暗示過你所具備的變革引擎。

或許這聽起來就像一堆神學術語，炸得你眼花繚亂，但真的沒那麼複雜。歸根結底就是上帝的信實。我們再看一次〈哥林多前書〉10章13節的內容：「你們所遭遇的每一個試探無非是一般人所受得了的。上帝是信實的；他絕不讓你們遭遇到無力抵抗的試探。當試探來的時候，他會給你們力量，使你們擔當得起，替你們打開一條出路。」

就是這麼直接。把這段經文再讀一遍。

上帝是信實的。

當你依靠祂，祂就會替你打開一條出路。

聖徒（在這裡填上你的名字）

我們來加強應用一下吧。面對誘惑時，就像盯著一扇緊閉的大門。那扇門沒上鎖，門的另一邊就是罪——某種有害的生活。許多信徒都盯著那扇大門，覺得自己沒有能力不碰大門，而且就應該推開眼前這扇標示著誘惑的大門走進去。他們不覺得自己有選擇權。這種錯誤的認知，有部分是因為現在教會對我們身分的認知也是有缺陷的。

這是一個重大啟示。「靠恩典得救的罪人」並不是我們唯一的身分，我們必須改變這種扭曲的想法，我們不是幫助其他乞丐尋找食物的乞丐。我們並非一無所有地來到十字架前。這或許是起點，但絕非故事的全部。如果我們在基督裡面，這就不是我們真正的身分。但問題在於，我們太常在教會裡一遍又一遍聽到類似的話：

嗨，歡迎來到教會。很高興看到你的到來。請坐下，好好享受今天的講道。永遠不要忘記你是個罪人，你整個人都是。你雙手空空來到耶穌面前，這就是你能提供給祂的一切。你抓著骯髒的破布。你是條蟲、是壞蛋、是笑柄、是被嘲笑者。你不潔，你不配。你總是在反抗上帝。你毫無價值可言。你只是一個因恩典得救的罪人。假如你忘記了，你就想想昨天的罪、今天的罪，以及明天的罪。你今天早晨的所作所為是罪，昨晚也是，十分鐘之前也是。這就是你會做的事。謝謝。好，我們站起來唱歌吧。下週日再見。

語氣聽起來好像很虔誠、很謙遜，但卻充滿腐敗的思想。這是一種可怕的身分認知。在此教導下，人們除了點頭和心想「是吧，我真是這樣吧」，很難再有其他選擇。接著，當你走到標示著誘惑的大門前，你就真沒別的選擇了。因為那是你習慣做的事，你就是個罪人，你會打開門直接走進去，相信自己除了沉溺在另一邊的罪之外，你別無選擇——這是因為你只看到了部分的福音。

我要再次強調，在誘惑的大門前，我們得向自己宣講〈以弗所書〉2章8至9節和〈哥林多後書〉5章17節的內容，這才是完整的福音。正如〈以弗所書〉2章8至9節指出，我們是靠上帝的恩典而得救。但這並非故事的結局。這也是為什麼你不可以再在罪人的營地停留佇足了。正如〈哥林多後書〉5章17節所說，你因恩典而得救，你是一個新造的人，**這就是你的新身分**；舊的已經過去，新的已經來臨。你以嶄新的生命重生，而在耶穌基督裡面的你，已不再是得救之前的你了。

基督徒經常會指著〈耶利米書〉（耶肋米亞）17章9節說：「你看，聖經也說人心比什麼都詭詐，比什麼都腐敗。所以這就是我，我就是這樣。我有一顆詭詐的心，要有多腐敗就有多腐敗。」

但有人可能沒注意到，這只是聖經描述一顆未重生之心的段落，是一顆遠離上帝的心。但耶穌開啟了新時代。沒錯，在我們跟隨基督之後，我們的心依然充滿了罪，但基督已使這顆心煥然一新。上帝在〈以西結書〉36章26節中說：「我要賜給你們新的心、新的靈。我要替你們換心，把像石頭一樣堅硬的心除掉，換上一顆有血有肉、肯服從的心。」這說明我們的心不再倒向邪惡、不再傾向欺騙。

我們在這件事情上經常感到困惑，因為即使是新造的生命，卻還是有犯罪的能力。沒人需要這種佈道內容，我們再清楚不過了。因此，緊盯誘惑之門的同時也必須提醒自己，「罪人」不再是我們的身分，我們已與基督同釘十字架，不需再像過去那樣生活了。

你現在活著，是藉著信上帝的兒子而活，因為基督在你生命裡活著（加拉太書2:20）。當你成為信徒，你受洗與耶穌基督合而為一——這意味著你已經跟祂同歸於死、一起埋葬和復活。正如基督因天父榮耀的大能從死裡復活，你也同樣「過著新的生活」（羅馬書 6:4）。這就是今天的你！你無須再進入那扇誘惑之門。

簡而言之，你要提醒自己是個聖徒。是不是很訝異聖經竟然稱你是聖徒？★或許你聽到這個詞的時候心想：「不，我祖母才是聖徒。我？這真不好說。」但不要懷疑，這是真的。這就是聖經中提到你的方式。聖徒一詞只是意味著你是一個「聖潔的人」。新約中有四十節以上的經文都稱我們為聖徒。在基督裡，你所有的罪——過去、現在和未來——都被赦免了。你在上帝面前是公義的。你披戴著耶穌基督的義袍。不要走進誘惑之門。你是聖徒。

始終有出路

我已經可以想見你的問題了。你會說：「沒錯，但路易，那保羅呢？在〈提摩太前書〉1章15節中，他說：『基督耶穌降世的目的是要拯救罪人』。這話是可靠、值得完全接受的。我是罪人中最壞的一個。」即便是偉大的使徒保羅也稱自己是最壞的罪人，如果這就是保羅的身分，那我還有什麼希望呢？

我們要看上下文，這不是保羅的身分。保羅說的是，如果你把所有沒有領受上帝恩典的人排成一列，那我就得排在首位；如果你想找到需要上帝恩典來遮蓋罪惡的人，第一個非我莫屬。

〈羅馬書〉6章1至2節中說明了保羅的意思。他問：「那麼，我們該怎麼說呢？我們該繼續生活在罪裡，好讓上帝的恩典顯得更豐富嗎？當然不！從罪這一方面來說，我們已經是死了。我們怎麼能繼續生活在罪裡呢？」

這段話非常有力。「當然不」三個字說明了保羅在這個實際問題上的強硬態

★想要快速了解「聖徒」一詞，請觀看影片「每個基督徒都是聖徒嗎？」(Is Every Christian a Saint?) by John Piper, on his *Desiring God blog*, June 22, 2017, https://www.desiringgod.org/labs/is-every-christian-a-saint.

度。保羅問：我們是否該繼續朝誘惑之門前進，在裡面轉一轉，這樣才能感受到上帝豐富的恩典？這就是我們該有的生活方式嗎？更多的罪、更多的恩典、更多的罪、更多的恩典？

當然不！他朝自己的問題大喊；「當然不！」他進一步解釋：「正如天父以他榮耀的大能使基督從死裡復活，我們同樣也要過著新的生活。」（羅馬書6:4）這就是勝利的開始：讓自己沉浸在你是新造之人的真理中，你不再是罪的奴隸。上帝為你提供出路。你在基督裡得勝了。你無須邀請敵人入座。

如果你去過倫敦，應該搭過地鐵，經常有人把地鐵戲稱為「水管」。最神奇之處在於，在地面之下，不同路線的地鐵在不同深度運行。或許你一開始是搭乘朱比利線，然後轉乘皮卡迪利線，接著改搭中央線，再換到了貝克盧線。如果你不是每天搭乘，很快就會暈頭轉向、分不清東南西北，尤其是不同的列車在不同的地下層運行。最深的一層是朱比利線在倫敦橋站的兩個月台，位於海平面下的二三．二公尺（約七六．一一英尺）★處，約為八層樓的深度。當你站在那個月台時，其它的列車正從你頭上飛馳而過。地鐵裡的運行模式，著實讓人眼花繚亂。

對一個剛從地球另一端飛來此處的遊客而言，好消息是：在地鐵裡，不管你走到哪，你都會看見「出口」的指標。這些指標看起來不盡相同，但指的都是同一件事。上次我們去的時候，我還拍了許多不同出口指標的照片，有的指標是一圈紅色環繞，有的指標是藍色長方形，長得又細又長，有的指標還用彩色玻璃鑲嵌，有的看起來就很一般。不管指標的形狀或顏色為何，它們說的都是同一件事：出口。

上帝也為我們提供了類似的指標。祂是信實且真實的。〈哥林多前書〉10章13節的應許說明，我們或許會遭遇試探，但不必犯罪。

始終都會有出路的。

★ Jack May, "Which Is London's Deepest Tube Station?," City Monitor, April 5, 2017, https://www.citymetric.com/transport/which-london-s-deepest-tube-station-2938.

上帝為我們提供了指標。
離開罪的主要出口，
就是遠離那扇標示著誘惑的門。

一扇接一扇的小門

你眼中的出口指標長什麼樣呢？

其實，避免犯罪最有效的辦法，是一開始就別踩進誘惑之門。主要的出口就在於遠離它、不要踏進那扇門。這意味著你要在生活中建立一些保護措施，讓這些屏障使你遠離誘惑。你不要在門邊徘徊。〈羅馬書〉13章14節邀你「以主耶穌基督裝備自己；不要只顧滿足肉體的情慾」。在你的聖經中，這段經文值得特別標明。

當你「不被肉體所支配」，表示你能活得更有智慧。你謹慎生活，即使犯錯，自己也要有所覺察。如果你想對身處的環境進行改造，無論難度多高，你都很難獨自完成，因此需要找幾個可以信賴的友人，跟他們聊聊你所面對的真實掙扎與誘惑考驗。

舉例來說，或許你本人沒有沉迷在色情片中，但你看得出來，這會是家裡的問題。因此，本著謹慎生活的精神，你可以在家中電腦安裝分級保護控制，這類的分級機制有助於保護你的整體性。你可以跟信任的友人聊聊，他們也會告訴你他們是怎麼做的。這樣做很明智。你找到了出路——在這個例子中，就是直接遠離。

假設你推開了誘惑的大門，直直朝罪走去，那就仔細看看，這一路上是否有標示著「出口」的小門。

也許哪一天，女友邀請你去坎昆（一生必去的度假勝地之一）時，你感覺到聖靈的提示，然後你心想：「嗯，上次跟女友一起去坎昆，那就是一場災難。我花了九個月的時間才提升了靈魂。」所以對你而言，出口是立刻且直接的。你告訴女友：「不行，很抱歉，這次我不能去。」這就是讓你不被肉體支配的辦法。

又或者你已經往前一步了。你正看著陽光和沙灘的照片，想像著在坎昆陽光下的歡樂畫面，儘管你已經意識到這不是明智之舉——在靈性上，你一步步靠近了罪，站在門邊了。所幸，上帝始終是信實的。因此當你準備刷信用卡買票時，卡被拒刷了。這不代表今天很糟糕。這是通往出口的象徵，是聖靈的傑作。接受它吧。

甚至你可能更進一步了。你更新了信用卡資訊，鐵了心訂好機票，現在你和女友、一票朋友已經飛抵坎昆。有人建議一起去那間大家都很喜歡的俱樂部。你猶豫了，彷彿感覺到聖靈的催促，然後心想：「好吧，上次就是在同一間俱樂部出事的，所有的麻煩都是從那開始。」你還有機會離開。你可以說：「不，我不要去那間俱樂部。」或是「我們去別的地方吧。」或是「不了，你們去就好，我要去沙灘上走走。」

但現在你已經坐上計程車，準備前往俱樂部。你還是可以感受到聖靈的提醒——不要繼續前進。靠著上帝的恩典，旁邊有一扇小門可以讓你逃走。

「嘿，我知道這聽起來很瘋狂，但我要在下個路口下車。我會叫輛車回旅館。別批評我，我很抱歉，但我必須離開。」你覺得這麼做很極端嗎？或許吧。但抵抗誘惑不是遊戲，這是一場戰爭。

如果你想找到出路，上帝是信實的。聖靈會給你一條出路，然後聖靈會給你另一條出路，出於慈悲，聖靈之後還會再給你另外一條出路。但隨著你越走越遠，出口可能越變越小，出路也會更難走，而且如果你選擇不出去，潛在的後果會更加嚴重。

但仔細看：通往出口的機會還在。第一個出口是普通房屋大門的大小，第二個出口是寵物出入的大小，第三個出口則是芭比娃娃的房屋門大小，可能只有手機才能滑過。但你還是有機會贏得這場戰爭。你無須邀請敵人入座。你還有機會離開的！

避免犯罪的另一個方法，就是停止盯著誘惑之門，直接看反方向就對了。將你的目光從誘惑之門轉向邀請之門，把注意力放在另一扇門，一扇基督之門。〈希伯來書〉12章1至2節說：「排除一切的障礙和跟我們糾纏不休的罪，堅忍地奔跑我們前面的路程。**我們要注視耶穌**，因為他是我們信心的創始者和完成者。」

瞧，福音的核心概念是「不要犯罪」，因為它具有極大的衝擊力，經常被拿來宣揚。不要犯罪！不要犯罪！不要犯罪！但十字架上要傳遞的訊息，不是「不要犯罪」，更多是關於「來吧，與神同行」。福音所要傳遞的訊息是：基督讓我們的罪被赦免了，我們是新造的人，可以與全能之神建立關係。耶穌要使我們得生命，而且是豐豐富富的生命（約翰福音10:10）。在〈帖撒羅尼迦前書〉（得撒洛尼前書）3章8節中，保羅說：「如果你們對主有堅定的信心，我們就有活力了。」

回到〈詩篇〉23篇和〈約翰福音〉10章1至18節，想像生活是一隻羊，而耶穌是你的好牧人。這兩段經文的重點就是上帝應許要引導你。正如同羊群可以學會辨識牧羊人的聲音，你也有能力聽到基督的聲音，可以看到牧羊人在做什麼。你可以在牧羊人的照顧下休息，可以與牧羊人步調一致。當你與耶穌一起緊密生活時，你會發現自己可以信靠上帝。你可以回頭看看過去的生活，看到祂帶著你的時候、將你拉近的時候、讓你遠離危險的時候、引導你度過難關的時候。

與上帝的親密關係是通往真正的成就之路。你要如何防止敵人坐下？目光緊盯基督就對了。

再看一次亞當和夏娃的故事。在試探到來之前，他們兩人都受到邀請與神同行。〈創世記〉3章8節指出，亞當和夏娃吃下果子後，聽到上帝「黃昏在園子裡走」時，他們隨即認出了熟悉的聲音。稍早前亞當才與上帝一起同行談話，當時亞當還給所有動物取名。上帝造了夏娃，並「把她帶到那人面前」（創世記2:22）。他們知道與上帝同行的感覺，他們是依照上帝的形象而造的，他們也知道與上帝建立關係、在地球上與上帝一起做上帝的工作是什麼感覺。

那就是亞當和夏娃所理解的更大的福音。那時是有明確的指令：不要犯罪、不要吃那個果子。但是，有一個更大的好消息說：過來享用上帝吧。今天，這個更大的福音傳給了你。是的，你得救了。

然而，除了命令你不要犯罪之外，上帝對你是否還有更多的幫助？在你死後，上帝是否比那張讓你通往天堂的門票還重要？沒錯，你得救了很好。沒錯，你被原諒了很好。沒錯，你要上天堂很好。但除了這些事實之外，上帝非常希望在你上天堂之前，此刻、今天就能認識祂。你對上帝真正的認識有多少呢？

斑馬寶寶

當你走在認識上帝的這條路上時，意味著你將你的心靈和思想放在那個目標上。當你開始學習祂的話語、學習聖經時，你就會了解祂和祂的特質。當你在禱告中與祂同行時，你會學到祂的方法。祂的話語和特質滿足了你生命中的需要。你需要價值嗎？意義？目的？愛情？接納？滿足？和平？親密的陪伴？在暴風雨中保持冷靜？無論需要什麼，基督都能滿足你。

但同樣的需求也成了敵人利用的目標。當你情緒低落時，通常是因為需求沒有得到滿足，就在此時，敵人會在你耳邊低聲說：「如果你想好受一點，你就直接走進這扇誘惑之門。我會帶給你一些刺激、增加多巴胺，我會讓你的腎上腺素激增。」

沒有什麼能像上帝那般滿足你的內心，也沒有比凝視耶穌能讓你遠離罪更好的方式了。與上帝同行，你會發現自己的真實身分、價值和目的，也是你發現可以相信上帝的時候。

〈雅各書〉1章14節說：「一個人受試誘，是被自己的慾望勾引去的。」雅各進一步解釋道：「我親愛的弟兄姊妹們，不要被愚弄了！一切美善的事物和各樣完美的恩賜都是從天上來的，是從天父來的；他是一切光的創造主。他沒有改變，也沒有轉動的影子。」

雅各說，不要被這個說法所欺騙。罪生出死亡。穿過誘惑之門只會走向罪惡和死亡。那扇門後沒有任何東西可以幫助你。犯罪也許會讓你暫時感覺良好，但總不如上帝對你的好。相反，如果你走進邀請之門，你放眼所及全會是美好和完美的禮物。這些是基督為你準備的禮物。你所要尋找的東西全在另一扇門背後。而真正的獎賞甚至無關耶穌給你什麼禮物，而是你走進了邀請之門、得到上帝。

你有沒有想過，在伊甸園這邊會為我們帶來巨大的好處？沒錯，我們是生活在一個充滿罪惡和腐敗的世界，我們不再身處天堂，但我們也知道全能之神會為我們走多遠。我們的生活中伴隨著對上帝之愛的認知，這是亞當和夏娃所沒有的。夏娃當時也聽到了上帝的話，知道上帝告訴她的話和亞當關於自己的一切。她有一個完美的生活環境可以好好享受，卻對上帝的應許所知不深。因此當蛇告訴夏娃，或許是上帝在阻止你，她相信了。

但我們不一樣，我們有經驗。我們的故事中有基督的死亡、埋葬和復活。我們可以指著十字架說：「事實上，上帝並未對我們有所隱瞞，神的心就是那樣。上帝對我的愛之深，足以讓祂派祂的兒子來帶走世界上的罪。祂愛我之心超越任何一座高山、足以推倒每一扇罪惡之門。祂不斷在黑暗的小巷中追尋我們。上帝會不惜一切代價用祂的愛來接觸我——包括將祂深愛的獨子送上十字架，並使其復活。感謝耶穌，我是一個新造的人。」

我們知道的這些，夏娃並不知道。她不知道上帝會為我們走多遠，但我們心裡明白。

不久前，我聽到普莉西雅．夏伊勒（Priscilla Shirer）在談論斑馬爸媽是如何對待剛出生的小斑馬。★斑馬媽媽生產後做的第一件事情就是把寶寶帶離群體一段時間。為什麼？因為斑馬媽媽希望孩子學著認識她。

在未經訓練的人眼中，每隻斑馬看起來都長的一樣，有時甚至連斑馬寶寶都搞不清自己的媽媽是誰。但每隻斑馬在頭部和臉部都有獨特的紋路。斑馬媽媽將寶寶帶離開後，寶寶就會學習辨認究竟誰才是他的母親。寶寶能看見、聽見母親，會學著去辨識母親獨特的紋路。在這幾週裡，只有母親和孩子，母親和孩子，母親和孩子。

不久後，斑馬寶寶就會被帶回群體裡。在那個時候，寶寶已經有了非凡的辨識能力，也幾乎在同一天認識了跟他在外觀、聲音和氣味非常相近的其他動物。「不，不是那隻。不，不是那隻。不，不是那隻。對了，就是那隻——那隻就是我的母親。」

那種熟悉和認可的程度，就是上帝希望你與祂在一起的感覺。祂希望你認識祂，不要有所懷疑。敵人所做的一切都是謊言。敵人想讓你誤入歧途，這樣就可以摧毀你。但耶穌希望你學習神的聲音、認識神、信靠神。流沙不再有力量。誘惑之門也不再有吸引力。你被釋放了。你可以贏得這場內心的爭戰。你受邀進一步深入認識上帝。

在這過程中，你還可以有個更具體的禱告方式。當說到不讓敵人坐下，這個禱告——及其所帶來的自由和邀請——或許是最有力的。

★這張插圖還可以在這裡看到：Priscilla Shirer, *Awaken: 90 Days with the God Who Speaks* (Nashville: B&H Books, 2017), Day 51.

第七章

抓住每個想法

準備好有力的禱告

Don't Give the Enemy a Seat at Your Table

我沒讀完大學。

不是因為不夠聰明，而是在十八歲那年，我輸掉了心靈的爭戰。敵人在我的生活中站定腳跟，而他的立足點是懶惰。早上的課我可以睡到不省人事，如果奧運有編造翹課理由的比賽，我家整片牆上應該早已掛滿金牌。最後，我收到系主任的退學通知。

我心想，這也沒什麼，在鎮上另外找間專科學校讀讀就好。

不久後，學校又發來了退學通知。我一年之內被兩間學校退學。

說說敵人是怎麼坐在你的餐桌邊吃光你的午餐吧！

一路走來，我仍懷揣著巨大的夢想。透過被召喚去進行事工的強大經歷，我知道上帝對我的生活有個大計畫。我可以清楚看見未來，但卻忘記那樣的未來需要準備什麼。我只想到能在研究所接受進一步的事工培訓很是興奮，卻對必經過程——大學教育——興趣缺缺。

想通之後，我立刻採取行動，我當下真的就從高速公路上的出口離開，不到一個小時，我坐在同一間院長辦公室裡，請求院長讓我復學。他很親切，我也因為未來的計畫而幡然醒悟。我的身分不再是被退學的學生。上帝呼召我傳講祂的話語。當然，我可以繼續在課堂上睡覺，但我選擇用行動證明，我也有能力在一年多的時間裡完成兩年的課程（以最佳方式壓縮）。最後，我跟原本的同學一起如期畢業，順利進入研究所繼續就讀。

我贏了這場心靈的爭戰。我每天醒來都堅信上帝會通過我來完成祂呼召我去做的一切事情。我相信我可以成為祂創造的那個我。

你能看到自己想去的地方嗎?

我指的不是個人成就、事業成功、努力運動或財務目標，而是靈魂所處的位置。我說的是如何掌控自己的思想、態度和行為。我說的是實現目標、過著上帝為你設計的生活。

或許敵人已經說服你，讓你以為你做不了任何事，也去不了想去的地方。你聽進恐懼的聲音，陷入罪與誘惑的迴圈，說服自己毫無價值，內心被各種擔憂和不確定性所籠罩。敵人已經成功入座，就在你的餐桌邊，但你大可不必讓他舒舒服服地坐著，也不必跟隨敵人的聲音起舞。透過耶穌，你可以朝你生命中的勝利之地前進。

當你學著如何贏得內心的爭戰時，這一切就發生了。敵人很清楚這一點。他的主要策略之一就是緊跟你的思想與生活，而且他很有耐心。在伊甸園裡，蛇不是拿著擴音器向夏娃大聲說出誘惑，而是將種子埋在她的心中，耐心等待發芽。他促使夏娃質疑上帝的良善，哄她懷疑上帝是否有所隱藏。最終，耳根子軟的夏娃讓懷疑的種子發芽，將心中所想的事情付諸行動。

這就是敵人的手段。如果他能在你的心靈爭戰中獲勝，就能贏得你的人生。〈民數記〉(戶籍紀)13章中記載，摩西派出十二個探子去迦南地(客納罕)偵查上主賜給以色列人的土地，但其中十人的回報卻充滿不確實的內容。他們說：「不，我們沒有足夠的力量去攻打他們；那裡的人比我們強大……我們覺得自己像蚱蜢一樣渺小，而在他們眼中，我們也的確是這樣。」

等等，這十個人怎麼知道他們在迦南人眼中是什麼模樣？這些探子還問了敵人的看法嗎？難道他們還問敵人說：「嘿，你覺得我們怎樣？在你看來，我們有多渺小和微不足道呢？」不是的。種子早已埋在探子的心中，他們照料著種子，讓其發芽，憑藉它行事。結果，接下來的四十年裡，他們只能在沙漠中流浪，沒機會嘗到上帝對他們生命的應許。

但是，流落荒野、得不到上帝應許並非唯一的結果，對當時的他們而言不是，對現在的你我也不是。勝利可以屬於你，就在這裡，就在此時。檢視你心中的種子、不讓它們生根發芽，這就是勝利。所謂的勝利，就是將與上帝之心不相符的想法連根拔起並丟棄。這是關於思維方式的改變，而且禱告特別有用。

準備好開始這個有力禱告

或許，在你心中埋下的種子之一是懷疑。你不確定這些教導對你是否管用。你之前也嘗試過不同的改變方法，但都沒效，憑什麼這個方法就管用？又或者雖然會發生一些變化，但都難以持久，到目前為止就沒有哪種方法能讓你持續改變。

如此說來，敵人早已深入內心。無論在何時、何地，種子都能散播在你的腦海中，特別是當你在讀手中這樣一本書的時候。在真相面前，你可以得到自由，你也必須看清綁架你的謊言。祈求聖靈讓你看清你所相信的謊言，祈求祂對你具體說明。檢視一下，你是否有以下任一想法？

- **我永遠都不可能改變**
- **犯罪使我感覺良好**
- **聖經沒啥用**
- **我沒那價值**
- **沒人愛我**

- 沒人相信我
- 我就該再慘一點
- 我就活該充滿怨氣
- 我就是我的失敗
- 我就是我自己的癮頭
- 我一直都會是這樣

以上沒有一個想法是來自上帝！在〈約翰福音〉10章和〈詩篇〉23篇中的耶穌基督、好牧人都不曾說你是個失敗者，祂不會激起你的憂心，不會要你感到恐懼。祂提供的是清晰，而不是混亂。祂不會把你的鼻子壓進罪惡的嘔吐物中。祂提供的是綠色牧場，不是乾燥荒地。

當恐懼、擔憂、誘惑、無價值感、困惑感出現在你生活中，猜猜怎麼著？說明敵人已經出現，在你的思想中撒下種子了。他知道如果能在你心中埋下欺騙的想法，只要你不留心，種子早晚能生根發芽。如果你心中有個欺騙性的想法且任其生長，早晚你就會根據該想法採取行動。

或許你會說：「這有什麼大不了的？這不過就是個想法。除了我沒別人知道，這不會造成傷害的。」不。我們心中的偏差想法，早晚都會付諸行動，可能是在態度上，也可能是在行為上。「他在想什麼，他就是什麼樣的人。」（箴言23:7）這些想法早晚會傷害我們。

正如我們在前面幾章談過，讓你立刻接受你在基督裡的新身分非常重要。耶穌已經在勝利的故事中，祂也邀請你跟祂一起進入故事。而你要進入該故事的方法，就是提醒自己以下幾件事：

- **我是個被恩典救贖的罪人，我現在是一個新造的人。我不必犯罪。**
- **我在基督裡面，基督也在我裡面。基督取得一切勝利，祂的勝利也是我的勝利。**

●上帝始終是信實的。祂會為我找到出路，我一直都能找到出口離開。

接受上述真理將會改變你的想法。十二個探子都知道應許之地是美好的，他們都看到了豐富的牛奶和蜂蜜，也都看到了要兩個人用槓子才扛得動的葡萄串（民數記13:23），但其中十人卻不相信自己能得到應許之地。

你呢？你相信自己能活在勝利之中嗎？如果答案是否定的，說明敵人贏得了你內心的爭戰。敵人是真實存在的，而且有一套計畫。他就在你桌邊徘徊，隨時準備好坐下。所以，請記住：風險很高。我們在談的是**你的人生**，是你的現在、你的未來、你的家庭，這是你的理智、平靜、成功、天職、命運，是上帝想要讓你成為的你。而魔鬼想要的是摧毀你，他毫無憐憫之心，而且有的是時間。

所幸，敵人在你心中撒下的任何種子，都不會有生根發芽的機會，任何新落下的種子都會馬上被移除，哪怕是已經埋在心中數年的種子也能被移除。這無關你有沒有超能力。我要再強調一次，勝利無關乎你做了什麼，這不是重點。重點是耶穌基督的福音，是關於耶穌為你做了什麼。上帝開了路，耶穌自己贏得了完全的勝利。

那麼，你要如何活在勝利中呢？

戰役結束了，但戰鬥還沒有

〈哥林多前書〉15章57節中的「得勝」一詞是希臘文中的nikos，特指由征服而取得的勝利。在新約中，這個詞是用來描述基督為信徒所提供的征服過程。祂戰勝了黑暗和罪惡的一切權勢。信徒在基督裡，基督也在信徒裡面。黑暗和罪惡的力量無法戰勝任何信徒。整體的爭戰已經贏了。耶穌在十字架上說：「成了。」（約翰福音19:30）換句話說就是：「我來此的使命已成，你已經自由了，勝利是你的。」

想像你擁有勝利的感覺，彷彿是諾曼第登陸的隔天站在沙灘上那般。知道那是什麼意思嗎？諾曼第登陸是在一九四四年六月六號，隔天就是六月七號。

諾曼第登陸是軍事史上最大規模的兩棲入侵，★超過十五萬六千名盟軍士兵從諾曼地海岸線衝上岸，在納粹的機關槍、手榴彈和火藥轟炸下挺進。同盟國擁有強大的武力，包括超過六千九百艘的艦船和登陸艦，兩千三百架飛機，八百六十七架滑翔機和四十五萬噸的彈藥。傷亡十分慘重，六月六號有超過四千四百多名的盟軍喪生。然而到了黃昏，勝利已然到來。諾曼第的五個海灘——黃金海灘、猶他海灘、朱諾海灘、奧馬哈海灘和寶劍海灘——皆已搶灘成功。越來越多的軍隊陸續上岸，建造臨時港口。當時，盟軍有兩百五十萬人的軍隊、五十萬輛汽車和四百多萬噸的補給皆由諾曼第的港口上岸。

歷史學家一致認為，諾曼地登陸是這場戰爭的決定性轉折點。諾曼第登陸

★ Dave Roos, "D-Day: Facts on the Epic 1944 Invasion That Changed the Course of WWII," History, last updated June 4, 2020, https://www.history.com/news/d-day-normandy-wwii-facts.

扭轉了第二次世界大戰的結果，也改變整個世界的命運。所以想像一下，在登陸的隔天，你就站在了不久前才剛遭到血洗的沙灘上，戰爭結果已定，希特勒的勢力遭到瓦解，他已經不可能東山再起。從勝利的灘頭上，你可以繼續推進。但為什麼還要前進呢？因為即便在歐洲的戰爭已經結束，希特勒的殘餘勢力依然在某個角落發酵，即便戰敗了，他還是會繼續戰鬥。

在接下來的幾週，各地還會發生零星衝突。你可能會在法國小鎮卡朗唐遇上武裝衝突，可能是在瑟堡港口被堵，你還得在八月二十五號解放巴黎。有些衝突發生得很密集。在接下來的一年裡，你還得參與市場花園行動（Operation Market Garden）的激烈衝突，要在突出部之役（Battle of the Bulge）堅守冬日防線，你要一路挺進由納粹佔領的德國並解放那恐怖的集中營。在諾曼第登陸的隔天，你要牢記這件事：儘管戰爭已經結束，但有些艱困戰鬥還會到來。儘管已在灘頭建立陣地，你仍要為全面勝利而戰。

在你的屬靈生活中，耶穌給了你**得勝**。祂將祂在十字架上完成、戰勝罪惡的勝利給你。祂已為你建立勝利的灘頭，讓你繼續前進。以此勝利為基礎，你要接著戰鬥。這就是你此刻應虔誠擁抱的心態。

祈禱的力量

好吧。說了這麼多，就是為了引出接下來的內容。應許為你的思想贏得爭戰的祈禱力量是源於以下經文：

我們固然是生活在這世上，但我們的爭戰並不是出於屬世的動機。我們作戰的武器不是屬世的，而是上帝大能的武器，能夠摧毀堅固的堡壘。我們要攻破一切荒謬的辯論，推倒那阻礙別人認識上帝的每一種高傲的言論。我們要掠取每一個人的心思來歸順基督。

——哥林多後書10章3至5節

我們來仔細看看。你所使用的武器具有神聖力量，在〈以弗所書〉6章11至18節中有提到，武器即上帝所賜的全副裝備，是指：來自基督的正義、宣揚和平的福音、信心、救恩、聖靈、上帝的話和禱告。這些武器足以摧毀任何與上帝對抗的力量。擁有這些武器，任何有害想法都不能在你心中停留。在基督裡面，你無須邀請敵人入座。要如何做到？禱告的根本就在這段話中。

上帝，請幫我掠取每一個念頭，使其順服基督。

這聽起來有點矛盾，但其實不然。此兩者相輔相成：上帝做了所有該做的事，但你需要透過禱告和決心方能實現。你必須認同耶穌。

在基督裡面，因為已有勝利的灘頭，你有機會可以繼續前進、有力量戰鬥。這力量來自基督，勝利來自基督。然而，你必須認同基督，才不會活在失敗的訊息中。沒有人能幫你掠取你的思想，也沒人能進入你的腦中和想法中，為你捕捉所有不利的念頭。該是你站出來，為你的命運、未來和勝利與基督合作、承擔責任的時候了，這是個殘酷的事實，我沒打算保護你或為這個事實裹上一層糖衣：如果你不掌控自己的思想，失敗就會如影隨形。我以對自己講道的心情，帶著愛來告訴你這個真理。你失敗不是因為母親，不是因為繼父，不是因為你遇到的任何麻煩。如果你活在失敗中，那是因為你允許自己活在其中。如果你輸掉了內心的思想爭戰，那是因為你不願意站出來說：「有一場仗要打，我要上陣贏回我的思想，因為我有耶穌完成使命的力量。」

所以，你現在、今天必須做出決定，改變你思想爭戰的故事走向。如果要改變，你就得虔誠地抓住每個想法。具體該怎麼做呢？

看見謊言

首先，你要辨識心中任何具有欺詐性的想法。這聽起來很基本，但卻有許多人做不到。你必須看出該想法的本質：一個具有傷害性的謊言。要讓這種想法進入心中太容易了。你對你的思想與生活也同意得太多了。我就是這樣。

於是，一個又一個念頭就這樣溜進心中。「嘿，如果我犯罪的話，感覺應該會好點。如果我再多吃一點。如果我奔向慾望。如果我一怒之下大發雷霆……」無論你的弱點是什麼，你都會溺愛那個想法，你寵著它、護著它、娛樂它，甚至還給它庇護和支持。你心想：「你知道的，犯上一點罪，我會覺得好受些。現在的生活太難了，我至少值得這麼一點快樂吧。上次我犯了類似的罪之後，感覺糟透了，這次應該也一樣。但如果我現在能暫時好受點，就算長遠來看是糟糕的，我也認了。」砰！敵人已經坐下了。

這次，你要大喊「不」！你必須要看出傷害性想法背後的謊言。你必須檢視那個想法，然後對它說：「在你開始成形前，先讓我好好地、認真地看看你。因為當我看著你時，我認為你與上帝的話語並不一致。如果你與上帝所說的不相容，那你就不是上帝派來的。滾出去！」

還有另一個想法很常出現：「我真可悲。」你還打算要附和那個想法嗎？你會讓它在你心中停留片刻嗎？你有看出它究竟是什麼嗎？

問問你自己，**這個想法從何而來？是來自上帝嗎？**這個想法是否與上帝在聖經中所說的一樣？天父覺得我很可悲嗎？不可能。天父是好牧人，祂會帶領我到青草地，祂恢復了我的靈魂。以天父之名，祂引導我走向公義。這聽起來不像是一個覺得我很可悲的人會說的話。噢，對了，我還記得〈歌羅西書〉3章12節的內容，說我是「被上帝愛的」。因此，說我可悲的聲音肯定不是來自上帝。如果不是上帝，我就該知道那是敵人的聲音。我更不要隨著那聲音起舞。從我腦中滾出去！

不要照我的意思，而是要成全你的旨意

你發現這想法是謊言後，下一步就是要奉主耶穌的名將其約束。看看〈哥林多後書〉10章5節的用詞：「我們要掠取每一個人的心思來歸順基督。」你掠

取某件東西形同逮補了它。你透過合法手段將其戴上手銬並強行扣押拘留，將它拿下，這樣它就不會再傷害你或其他人。

當這些思想奉主耶穌的名被約束時，這就是一種祈禱，代表你和耶穌都同意敵人在你心中沒有分毫立足之地。你說：「全能的上帝，奉主耶穌的名，我約束了這個想法。我掠取這想法是因為您的命令。我以聖靈賦予我的力量選擇與您一致的方式生活。這個想法已經不存在，對我再無影響。這個想法已經被抓起來、關進監獄了。」

你是在對上帝禱告，但我想，有時候讓撒但或他的邪惡同夥聽到我們的祈禱也不失為一件好事。世界的靈是真實存在且就在我們身邊，只是我們看不見而已。聖經並未說撒但無所不知，撒但不像上帝無時無刻無所不知。所以我不相信撒但能聽到我們心中的想法。有時我會大聲禱告，以此對抗魔鬼的聲音，而且是用〈猶大書〉（猶達書）第9節的語氣。天使長米迦勒（彌額爾）跟魔鬼爭辯時，他說：「主要譴責你！」這意味著我承認耶穌有能力且耶穌在我裡面。

你為什麼要特別奉主耶穌的名禱告來斥責撒但呢？因為這力量不是來自於你自身，而是耶穌。因為你需要使用擁有所有權柄的上帝之名（馬太福音28:18）。因為所有你做的事「無論做什麼，說什麼，你們都要奉主耶穌的名」（歌羅西書3:17）。

聽到這裡，或許你會覺得：「路易有點走火入魔了。他竟然要求我奉主耶穌的名來約束想法。沒錯，我敬愛耶穌，我也會上教堂，但要管到我的想法，這聽起來太瘋狂了。」不是這樣。真正瘋狂的是同意讓敵人在你心中扎根，真正瘋狂的是你同意犯罪，真正瘋狂的是讓敵人與你同桌而坐，真正瘋狂的是讓兇手和騙子影響你。不要讓魔鬼贏得你的內心之戰。

當你腦海中浮現可疑的想法時，先問問自己這個想法是否符合上帝公義的品格，或是否符合聖經內容。如果不是，就奉主耶穌的名約束這個想法。大聲禱告，或在心中對主禱告。使用以下這句特定、深思熟慮的祈禱文來阻止這個想法在你心中扎根：

奉主耶穌的名，我要約束這想法！

正如〈哥林多後書〉10章5節指出，你的目標是要掠取那個心思，使其「歸順基督」。當那個心思歸順基督，要嘛它會與基督一致，要嘛被基督和聖經中上帝的教導內容所拒絕。看，如果你沒有奉主耶穌的名掠取那個想法，那麼你就會被那個想法所俘虜。不是你約束那個想法，就是那個想法早晚控制你。有些事情正在發生，你最好趕緊採取行動。你應該奉主耶穌的名，約束不是來自上帝的想法，控制與上帝話語不符的思想。

你有沒有聽過耶穌遭到背叛那晚在客西馬尼園（革責瑪尼園）發生的事？在猶大（猶達斯）帶著羅馬士兵出現、親了耶穌背叛祂之前，耶穌正在園中禱告。那是緊張又痛苦的時刻，耶穌滴下汗水。事實上，那晚非常難熬，耶穌禱告了三次，祈求上帝不讓祂喝這苦杯（馬太福音26:39, 42, 44）。

耶穌在面對史上最偉大的事情到來之前，也經歷了最大的考驗（順便說一

你應該奉主耶穌的名，
約束那些不是來自上帝的想法，
控制與上帝話語不符的思想。

句，如果你想為神做大事，那就得先準備好接受極大考驗。經歷極大考驗之後，你會得到極大的信任）。

最終，耶穌為使眾人的罪得到赦免而流血。即便是耶穌也會掠取他的思想，使其歸順全能的上帝。耶穌在禱告最後說：「不要照我的意思，而是要成全你的旨意。」（路加福音22:42）在強大的誘惑面前，耶穌依然沒有選擇罪惡的一方。這就是掠取思想的完美典範！是耶穌自己所設的模式。

成為自己思想的主持人

好。第一步是認清有害想法，第二步是奉主耶穌的名掠取那個想法，現在第三步是要以聖經來改變你的故事發展。在面對麻煩、想要跳入罪中之前，這就是你改變故事軌跡的方式。要做到這一點，先認識聖經。

沒錯，你要記住聖經經文，還要不時在腦海中重播。你要用真理取代欺騙性的想法。你要熟悉聖經中的道理，然後一遍又一遍不斷重複上帝的真理，這樣你才能毫無疑問地知道何謂真理，才能一直走在真理的道路上。

人們會說：「但是，路易，我沒時間去背誦聖經。」真是如此嗎？你有時間運動，有時間在隔天上班前看三份新的企劃案，週末還能狂追劇，早上通勤有時間在車上聽廣播，你甚至有時間滋潤心中的有害想法，所以你肯定有時間背誦經文。如果你想得到勝利，就要先準備好戰鬥。如果你沒準備好要戰鬥，你就不可能贏。一旦你輸掉內心的思想之戰，你就完了。戰敗。

要贏得思想之戰，從在卡片上寫下上帝的真理開始，然後把卡片放在健身車的前盤上，每天早上在健身房時，花半個小時研讀卡片上的經文。又或是每兩天少看一個電視節目，把時間用來看經文。又或是下載聖經的有聲書，早上通勤時可以放來聽，一遍又一遍讓上帝的真理填滿內心。然後，你現在可以準備贏得內心的思想之戰，以真理更新你的心，把心放在真理上，時刻提醒自己，看著上帝讓你自由。

你是否記得那些指引我們要牢牢記住聖經內容的經文？我舉幾個例子：〈詩篇〉119篇11節告訴你，要把上帝的話存在心裡，才不會犯罪。〈約書亞記〉（若蘇厄書）1章8節告訴你，不可遠離神的話語，你要常常誦念。〈歌羅西書〉3章16節告訴你，要讓基督的信息豐豐富富地長住在你們心裡。〈馬太福音〉4章4節說你的生存不僅是靠食物，而是靠上帝所說的每一句話。〈希伯來書〉4章12節將上帝的話描述成活潑有效。〈約翰福音〉15章7節說要讓上帝的話常存在你裡面。〈申命記〉11章18至20節鼓勵你記住誡命、銘刻在心，要把誡命繫在手上、戴在額上，要把誡命教導給兒女，無論在家或出外、工作或休息，都要講論這些誡命。〈詩篇〉19篇7節說你要專心研讀聖經，因為它使你的生命更新。〈詩篇〉119篇32節鼓勵你服從上帝的命令，因為祂要使你更能領悟。

當耶穌在荒野受到試探，祂是如何駁斥敵人的？祂以聖經經文回敬魔鬼。「聖經說……聖經說……聖經說……」這也是我們的致勝策略。你要以聖經貫穿你的一生，聖經要時時刻刻出現在你耳邊、眼前和腦海裡，要見於家中、置物櫃、電腦上、鏡子前和書桌前。你要談論、唱誦聖經內容，將其融入至你所聽的音樂之中。聖經能使你免得罪上主（詩篇119:11），幫助你一無掛慮（腓立比書4:6），讓你在主的裡面扎根、生長，建立信心（歌羅西書2:6–7），讓你知道什麼是良善、完全、可蒙悅納的（羅馬書12:2）。當你心中只有聖經，就能控制內心的播放清單。

你成了自己思想的主持人。

想要自由還是韭菜？

最後，聖經指出，你隨時可以透過思想來進行反擊。要摔倒很容易，時刻都在發生。你從辨識有害想法開始，奉主耶穌的名將之約束，背誦聖經，但你還是很想回到之前的生活方式。事後來看，過去發生的似乎永遠比當下更美好。我想問你，你還記得我之前是怎麼老陷入那幻想的嗎？還記得我是怎樣逃避那種思維方式的嗎？

以色列人脫離埃及的奴役後，他們確實還曾想著回到過去的生活。〈民數記〉11章5至6節紀錄著他們如何抱怨上帝在荒野中為他們提供的美食。他們沒有在勝利中前進，而是一心只想著埃及的「黃瓜、西瓜、韭菜、葱和蒜」。他們瘋了嗎？以色列人肯定真的很喜歡韭菜，喜歡到願意以自由來換取韭菜。「沒錯，只要我們再回去埃及當奴隸就有韭菜吃了。」

〈腓立比書〉4章8節為我們提供了另一條路，它不是像指南針一步一步引導著我們前進，也沒告訴我們具體該如何思考，但提供了各種反擊進攻的思考選項。在傷害性的想法朝你而來時，與其扮演被動防禦的角色，你也可以主動將有益的想法放入心中。以下是在〈腓立比書〉4章8節中的選項：

所有一切——

真實

高尚
公正
純潔
可愛
光榮
美善
值得讚揚的事

想想這些事。背誦〈腓立比書〉4章8節，然後仔細思考每一個選項。問自己，**現在我能想到的真實事情有哪些？高尚的事情有哪些？**以此類推，把這幾個選項全想一遍。或許你心中浮現的想法會讓你聯想到某段特定的經文。又或者這些想法會讓你感到榮耀上帝。你會想起自己有多愛家人。你會想起自己有多愛玩滑板。你會想像完美的日出，又或是跟朋友一起健行。

以下是改變現況的好方法：每天早上起床後，第一件事情就是主動思考這些事，天天做，在晚上入睡之前，時時刻刻要提醒自己。或者，另一種方式是一週中的其中一天，整天思考一個選項。想像一下，如果你一整天都專注在想「光榮」的事，又或是一天記住一條聖經上的真理，結果會如何？例如：

- **週一**：上帝指名呼喚我。（以賽亞書43:1）
- **週二**：上主要在前面親自帶領我。（申命記31:8）
- **週三**：藉著基督所賜的力量，我能夠適應任何情況。（腓立比書4:13）
- **週四**：現在的苦難跟將來要顯明給我們的榮耀相比，是算不了什麼的。（羅馬書8:18）
- **週五**：沒有一樣武器能傷害你。（以賽亞書54:17）
- **週六**：我是上帝的兒女。（羅馬書8:16）
- **週日**：使基督從死裡復活的大能就在我裡面。（以弗所書1:18–20）

我自己就是這樣練習的。今早我在寫這章時，我腦海中突然浮現「也許這本書根本幫不了任何人」的念頭，或許我敲鍵盤也只是白敲，「有人會看嗎？有人在意嗎？」我滿腦子突然全是負面想法，我沉浸在思緒中，越來越沮喪。突然間，我意識到發生了什麼事，於是我在書房裡大喊：「主啊，我需要幫助。我知道這不是來自您的想法。」

我特別禱告，奉主耶穌的名掠取這些想法。

然後我開始進攻。我能想到哪些真實、高尚、正確和美好的事情呢？我開始想到奉主耶穌的名而擺脫有害想法的人。我想到選擇不讓敵人同桌坐下的人。然後我心中浮現了每天閱讀聖經都會看到的一段經文——〈約書亞記〉1章5節說：「我要與你同在，像我與摩西同在一樣。」這猶如投下一顆重磅炸彈，瞬間將我心中的負面想法炸得灰飛煙滅。

接下來的時間裡，這段經文成了我的新生活方式。重返工作時，我用這段經文提醒著自己，上帝會像與摩西同在那樣地與我同在。

而敵人就沒辦法坐下了。

但如果敵人早已入座了呢？我不想說什麼能立即見效的話來貶低這章當中聖經的教導，但我還是得承認〈希伯來書〉12章1至2節中所說的，有些罪很容易纏住我們。如果你犯了罪，會立刻淪陷嗎？如果你讓有害想法的種子在心中發芽生根，如果你讓敵人坐下了，還有希望嗎？答案是肯定的，而且有很大的希望——因為有上帝豐富的恩典。

第八章

消除內疚與羞恥的恩典

不小心讓敵人入座了怎麼辦？

Don't Give the Enemy a Seat at Your Table

在你虔誠禱告、做了一切努力將敵人拒之門外後，萬一哪天還是不小心讓敵人坐下了，那該怎麼辦？上帝會不理你嗎？還是從此沒有資格服事神、不能與神建立關係？都不是。福音的本質是上帝會透過耶穌基督赦免罪，使你煥然一新。前提是你要認罪，向主承認你曾經接受敵人的想法或按照敵人想法行事。在你悔改後，上帝會抹去你的罪、赦免你、潔淨你。上帝會把魔鬼從你的餐桌邊驅逐出去。〈箴言〉28章13節指出認罪的力量：「掩飾自己罪過的，不能有幸福的人生；承認過失而悔改的，上帝要向他施仁慈。」

但即便認罪，罪所帶來的兩種結果通常還是會存在——內疚和羞恥。這兩者經常被混為一談，但其實截然不同。有時人們會交互使用這兩個字及其概念，但釐清兩者之間的差異很重要。

內疚是站在對罪和缺點負責的立場，是一個指向悔恨的用語。在屬靈正義的框架中，當你所做的選擇不符合上帝的標準時，你必須對自己的行為負責。如果你做過、想過或說過不正當、不光彩、虛假、低劣、應受譴責、不純潔或醜陋的事，如果你讓敵人入座了——木槌落下，判決宣布。你的行為或態度虧缺了神的榮耀。你要為此負責。你內疚，你有罪。

另一方面，羞恥是一種被罪和缺點所定義的感覺。羞恥是承認有罪，但它會把罪和你的身分綁在一起。內疚是一種精神狀態，羞恥則是一種情緒和心理狀態。當你內疚、承認自己做錯事時，你會說「我做錯了事」或「我想了／說了壞事」；但當你覺得羞恥時，你是把罪歸到自己身上，你會說「我有問題」或「我很糟糕」。

我之所以強調內疚和羞恥這兩個詞，因為兩者在本質上是不同的——但解決方法一樣。要從內疚和羞恥中解脫的方法就是恩典的故事。誠然，在法律和社會的框架中，犯罪者可能需要賠償、道歉、服刑、罰款或恢復正義，這些當然都是解決方案的一部分。然而，最終的解決辦法始終是上帝的恩典。我們許多人都是帶著負罪感和羞恥感而生活，但也因此無法走上耶穌在十字架上為我們換來的自由之路。但大可不必如此，我們可以取得勝利。

恩典的力量

通往自由的道路是對所有被恩典披覆的人所開放。恩典不是什麼空靈、脆弱、膽小的東西，恩典是膽量、堅毅和力量，是摧毀罪的力量的左勾拳。

我們先來看看恩典是如何摧毀羞恥吧。羞恥具有強大的破壞力，讓你覺得自己不配得到神的愛、接納、建議和計畫。羞恥使人感到無以修復的強烈傷害。一旦感到羞恥，你就會想躲藏，試圖以否認或逃避上帝的方式來躲避祂。又或者你就躲在高牆、頭銜、繁忙或成就的假象背後離群索居。

你不想讓任何人知道你，因此總與他人保持距離；或者你不想讓任何人知道發生在你身上的事。羞恥將人困在過去。

上帝在伊甸園創造亞當和夏娃時，聖經寫道：「那人跟他的妻子都光著身體，然而他們並不害羞。」（創世記 2:25）在墮落之前，上帝所創造的一切都被描述為「美好」的，赤裸與不羞恥都是天堂美好的一部分。沒錯，伊甸園是漂亮的，那裡有著植物、食物和動物。一切都處於未受汙染的純樸狀態。請注意，天堂對「美」的終極描述中，並不包含羞恥在內。

接著就是墮落。亞當和夏娃做出了災難性的決定，造成嚴重後果，因為他們的選擇，世界一分為二，內疚和羞恥從此出現在他們——和我們——的故事裡。亞當和夏娃前一秒還不因赤裸而羞恥，下一秒開始躲著上帝，急忙用無花果樹的葉子遮蔽身體。

所幸，回到伊甸園後，上帝提出了補救計畫，用獸皮做衣服給兩人穿。上帝指向未來和十字架，說蛇會咬傷耶穌的腳跟，而耶穌則會打碎蛇的頭，取得完整勝利（創世記3:15）。換句話說，上帝會消滅罪惡和死亡，讓人們與上帝的旨意和位格完全重新連結。

感謝耶穌在十字架上的付出，我們今日才能免於羞恥，自由地活著。不要與真理擦身而過。羞恥無須成為你故事的一部分！我們接下來會再進一步談談這個主題。

耶穌讓你自由

接著，我們來看看恩典是如何消除內疚。上帝透過恩典進入你的故事，透過在十字架上的耶穌，上帝的恩典消除了你的屬靈內疚、讓你自由。恩典將你正確地安置在上帝面前。做錯事要受罰，但耶穌已經為你承擔了罪的刑罰。耶穌讓你自由了。

在舊約中，依稀可以看見你我今日享受恩典的暗示。神對祂的子民一直很有耐心，一直在等待子民回應祂的聖潔。〈以賽亞書〉6章記錄著先知以賽亞（依撒意亞）見到主與聖殿時，眼前富麗堂皇的震撼畫面並未讓以賽亞驚呼：「哇，太酷了。」他反倒是內疚地大喊：「我完了，我慘啦！因為我嘴裡的每一句話都不潔淨；我周圍的人所講的話也一樣不潔淨。況且，我還親眼看見了君王—上主、萬軍的統帥！」在上主面前，以賽亞徹底臣服。以賽亞見著上帝，立刻看出自己與上帝之間的差距。

以賽亞的回應讓我們看到耶穌在十字架上完成的使命。你可以透過悔改進入耶穌的工作，當你說：「啊呀，我完了。我遠遠比不上神聖潔的標準，比不上神的意圖，比不上神為我生命最美好的準備。我承認。我願意為此負責。在全能之神面前，我意識到要為自己的選擇和罪負責。」這就等同於以賽亞所說的話。事實很簡單：無論認罪與否，我都要為自己的罪負責。

悔改不是壞事。你的認罪打開了恩典的大門，上帝會從大門彼端朝你走來，為你做自己做不到的事。恩典延伸到以賽亞身上。在第六節和第七節的經文中寫道，有天使向以賽亞飛來。想像如果你是以賽亞，看到驚人的六翼天使從空中衝來，手中還拿著一把火鉗，夾著祭壇上燃燒著的炭，我敢打賭以賽亞應該覺得自己徹底完蛋了。沒想到，天使用炭碰著他的嘴唇說：「這塊紅炭碰了你的嘴唇，你的過犯都消除了；你的罪被赦免了。」

這對以賽亞不失為一個好消息，意味著他沒有被消滅。以賽亞的悔改開啟了恩典之門。上帝從大門彼端走來，說：「不，我沒有要消滅你，我是要消弭你的罪。你的罪惡感被消除了，你的罪也贖了。」

把故事快轉到新約，我們看到另一塊活生生的熱炭從天而降，就是上帝的聖者耶穌基督。祂獻出了自己無辜的生命，在各各他（髑髏地）山上承擔了我們的罪。透過祂的死亡、埋葬和復活，耶穌敲響了我們自由的鐘聲。耶穌是純潔無辜的，在十字架上，天上的法庭進行了一場大交易。

我和你都因罪而內疚，我們也都有缺點，但上帝將我們的罪放在了祂無辜、公義和甘願的兒子身上。接著，上帝取走其子的無辜和公義給了我們。上帝對所有悔改之人宣告寬恕，就像六翼天使對以賽亞說的那樣：「你的過犯都消除了，你的罪被赦免了。」透過基督，你是純潔的，你是公義的。你被聖潔公義的上帝釋放。耶穌承擔你所有的罪。你是一個新造之人。

〈約翰一書〉1章9節中清楚記載，使徒幫助初信者了解福音的力量，他寫道：「如果我們向上帝認罪，他是信實公義的，他要赦免我們的罪，洗淨我們所犯的各種過錯。」這意味著你認罪的行為至關重要。你認罪就是承認要為生命中的罪負責，你就是在說：「我做了，但做錯了。」

但這裡有個重點：如果你是以基督徒身分犯罪，你的認罪就是為了淨化你與上帝的相交。因為十字架，你已經被寬恕了。耶穌不會再上十字架再死一次。祂寬恕的工作已完成。所以你可以說：「天父，很抱歉我犯罪了，我認罪。謝謝您，在基督裡我被赦免了。我收到了，希望您給我恩典和力量，讓我走向不同的方向。」你承認自己的罪和祂的寬恕。這是個好消息，值得慶祝一番！

但敵人不會默默接受這一切。他會盡其所能讓你待在一趟看不到盡頭的內疚之旅中。你認得他那可怕的聲音嗎？「好吧，我知道你是基督徒，我知道你相信自己死後會上天堂。這樣很好。但我想確定一下，你是不是覺得自己之前做的事情沒一件是對的，現在、未來所做的事也都是錯的，像是生活在水深火熱的地獄，對吧？這就對了，我會幫你訂一張郵輪的單程票，歡迎你踏上內疚之旅。你好，我就是船長。」

要跳上那艘郵輪太容易了。所有事情敵人都記著，他會把所有醜陋的細節帶回到你的生活。他會努力說服你，如果把罪藏起來，一切就會沒事，如果你用力把罪壓到底，或是乾脆與之共舞，都會讓你感覺良好。

不行，這絕對行不通。是時候跳船了。選擇躲藏不代表內疚會消失。唯有當你把內疚帶到耶穌恩典的聚光燈下，你的罪才會得到救贖，內疚才會消失。在耶穌的聖潔、慈愛和仁慈中，你可以說：「主啊，我承認我做錯了事，我也想讓您知道我做錯了這些事。這些事讓我覺得自己受到傷害，很痛很受傷。我是罪的肇事者，也是罪的受害者。但我希望得到您的寬恕和自由。我不想對您有所隱藏。我想讓您看到我所做的一切，以及在我身上發生的所有事。透過您的動工，罪的影響都被消除了。我因您所受的鞭傷而得到醫治。」

重新定義的你

恩典不僅能消除內疚和羞恥，還能重新定義你我。在定義上最大的改變就是從「失敗者」變成「家人」。

作家霍桑（Nathaniel Hawthorne）在一八五〇年代寫下《紅字》一書。在故事中，一名年輕婦女海斯特・白蘭（Hester Prynne）外遇產下一女，隨後因通姦入獄，感覺就是個失敗的人生。在寶寶三個月大時，海斯特獲釋出獄，說起來也算清償了欠這個社會的債。但為了讓她感到終生羞愧，鎮上居民讓她站在鎮上廣場的絞刑架上整整三小時，穿著紅衣，胸前繡著象徵通姦的A字。公開羞辱對她來說就是一場沒有結束的懲罰。接下來的幾年裡，海斯特成了人們眼中驅逐的對象，她所做的事情也成了身上揮之不去的標籤。

許多人其實都是帶著自己的紅字在生活。你被自己的罪所定義。你看著自己胸前的字說：「沒錯，這就是我。」又或許你是將別人的罪帶到自己的生活裡。即使如此，你還是會看著鏡子說：「我完了。我毀了。」你把別人的不成功當成自己的失敗。

上帝改變你的身分。敵人用你的傷疤來定義你，耶穌則以祂的傷疤來定義上帝改變了你的身分。
敵人用你的傷疤來定義你，
耶穌則以祂的傷疤來定義你。

你。耶穌基督的恩典帶走舊的你，換給你一個全新的身分。〈約翰一書〉3章1節說：「你們看，天父多麼愛我們！甚至稱我們為上帝的兒女；**事實上，我們就是他的兒女。**」

這就是你的新身分。你是上帝的兒女。你是天父的孩子。你被寫在神的旨意裡，你是神的繼承人。你是上帝慷慨之愛的受益者，把你從失敗者變成了家人。恩典不僅能消除內疚和羞恥，還能重新定義你。你是上帝所愛的家人，也因此你能與全能的上帝同桌而坐。

想想使徒彼得的一生，以及上帝是如何將他從失敗者變成家人。來看一下背景故事吧。你知道他一開始的名字根本也不叫彼得嗎？他原本叫西門（西滿），但耶穌第一次見到他時，就給他取了名字叫彼得。彼得原本是個先做再說的人，所以當耶穌見到這粗野漁夫時，就給他取了個暱稱叫「磐石」。彼得大膽的個性在福音書中表露無遺。

在最後的晚餐中，耶穌差遣使徒去準備逾越節的晚餐。晚餐的時間到了，耶穌坐席，十二使徒跟他同坐。當晚，耶穌說有人將出賣他，但使徒們都不相信，尤其是彼得。他尤其直接，語氣中夾雜著憤慨與表態。「不是我！」他說：「或許其他人會退縮，但絕不是我。我永遠不會背叛你、出賣你！耶穌，你可以信任我。我比這些人都愛你。我願意跟你一起坐牢，一起死！」

耶穌看著他，說：「彼得，我告訴你：今天雞叫以前，你會三次說你不認識我。」（路加福音22:34）最後的晚餐結束了。使徒們前往耶穌禱告的客西馬尼園。猶大領著羅馬士兵到耶穌面前，在昏暗的火炬照射下，以一個親吻出賣了耶穌。耶穌被抓，被帶到大祭司的府邸去，受到嘲笑、輕蔑、質疑、唾棄和毆打。其他使徒在哪裡我們不知道，但彼得一直遠遠地跟隨在後。至少，是善意讓他走了這麼遠。

但接下來是彼得的關鍵時刻。在那邪惡的夜晚，耶穌在大祭司該亞法（蓋法）的府邸接受訊問，夜裡很冷，院子裡生了火，彼得就混在人群中烤火暖手。周圍站了一群人，一名年輕婦女盯著他看，認出了他是耶穌的使徒之一，但彼得否認，說她認錯人了。過了不久，又有人注意到他，說他跟耶穌是一夥的，但彼得再次否認。約莫一個小時後，又一個人認出彼得是加利利（加里肋亞）人，問他是否認識耶穌。那就是彼得的關鍵時刻，壓力排山倒海而來，他很害怕。那晚的他，肯定是非常飢餓、孤獨、疲憊和害怕。彼得第三次否認認識耶穌。

我們在此暫停片刻。這不就是罪的本質嗎？在面對壓力時，感到飢餓、孤獨、疲憊、害怕或憤怒時，我們所面對的選擇是要朝耶穌靠近，還是後退？在壓力之下，我們很容易會說：「我不認識耶穌。我不想跟祂有任何關係。我現在不跟隨耶穌了。」但實際上，如果能加快腳步朝耶穌靠近、拒絕讓敵人坐下，這才是上上策。

在彼得三度否認後，公雞啼了。彼得意識到自己做了什麼。他犯了大罪。他在最後的晚餐中大聲宣示他對耶穌的愛，但在該亞法的院子裡、在壓力之下，他崩潰了。他知道這一點。聖經中說他就走出去，痛哭起來（路加福音

22:62）。故事繼續下去，耶穌按照計畫走上十字架（順帶一提，如果我們否認與耶穌的關係，上帝還是會按照計畫進行；即便我們不信實，上帝依然是信實的。這麼看來，我們是否還是可以好好慶祝一番？）。彼得可能放棄了使命，但耶穌沒有。

接著就是耶穌的死亡與安葬。在星期日清晨，兩名婦人去到墳地，但墓穴中卻不見耶穌的身體。婦人趕忙跑回去，把所遇見的一切事情向十一使徒和其他的人報告。彼得直接衝到墓前，只見包裹耶穌身體的麻紗，他試圖想弄清楚一切。後來，耶穌幾次顯現在門徒面前，但彼得卻絲毫沒察覺，至少我們在聖經中沒看到。接著，我們快轉到〈約翰福音〉21章，看看基督向門徒顯現，一切都將真相大白。

故事發生在加利利。彼得和其他六個使徒去釣魚，他們釣了一整晚，但卻一無所獲——然後耶穌出現了。順便說一下，有些學者認為彼得和其他門徒去釣魚沒什麼，畢竟日子還是要過下去的。但我對他們的釣魚行為卻不以為然。

為什麼？回想一下，三年前彼得最初的使命是什麼？「來跟從我！」耶穌說：「我要使你們成為得人的漁夫。」」（馬太福音4:19）換句話說：「跟從我，因為我對你們的人生有計畫和目標。」」但現在彼得重操舊業，回到之前的生活方式，忘記了新的使命。他再次為了**捕魚**而捕魚。我想，彼得知道自己身上背著「三度背叛」的身分印記，他不相信一個三度背叛的人還能繼續存在於耶穌的計畫和目標中。

是不是有似曾相似的感覺？你否認了耶穌，所以現在感到羞恥。或者你忽視、忽略、忘記了耶穌，回到過去的生活方式。你犯了罪，讓敵人坐下了，所以你躲著上帝。發生這種事情後，你會回到熟悉的地方，即便那不是耶穌希望你出現之處。你會去一個你再熟悉不過的地方，一個非常好、但卻沒有任何好處的地方。那裡可能不是放蕩或犯罪之地，只是一處你覺得可以沒有上帝的地方——或許這才是萬惡之地。

在這種地方，你很難相信自己可以重新恢復。

重新恢復的你

我們再回頭看看彼得的故事。太陽剛出來的時候，耶穌站在水邊，門徒卻不知道他就是耶穌。耶穌問他們是否捕到魚（約翰福音21:4–5）。耶穌清楚知道答案，只是在英語中無法看出這表達細微的差異。當耶穌問船上門徒這問題時，問題中已經影射了否定的答案，說白一點，耶穌是在問：「各位，有抓到什麼嗎？**我看是沒有吧**。」用今天的話來說，耶穌是在說：「這樣有用嗎？」換句話說，你都已經抓了整晚，什麼也沒抓到，**這樣有用嗎**？你已經忘了最初的使命。**這樣有用嗎**？你回到了之前熟悉、方便的地方，但我還有更棒的選擇給你。**這樣有用嗎**？

這就是為什麼接下來的建議力量如此強大。耶穌告訴門徒將網撒在船的另一側。你覺得他們難道沒試過嗎？他們都已經抓了整晚，而且還是經驗豐富的漁夫，肯定前後左右都試過了。那耶穌讓他們將網撒在另一邊的建議究竟有何特別之處？

差別就在於這是耶穌的聲明。彼得和其他使徒有機會跟從耶穌的聲音，彷彿是耶穌在告訴他們，尤其是對彼得說：「你跟從我吧。就是現在，就在這裡。即便你又走回了之前的路。」〈以賽亞書〉30章21節延續了類似的說法：「假如你們徬徨路上，偏左或偏右，你們會聽到背後有聲音對你們說：『這是正路，走上去吧！』」這就是上帝的聲音，你有在聽嗎？

所幸彼得和其他門徒跟隨了耶穌的聲音，迅速抓了一整網的魚。他們離岸約有一百公尺。彼得非常興奮地跳入海中游向陸地，要親自看看是不是真的是耶穌。其他門徒也跟進，將裝滿漁獲的漁網拖上岸。他們上岸後，看見一堆炭火，上面有新鮮的餅。耶穌歡迎門徒跟祂一起吃早飯，把剛抓到的魚分了。我很喜歡這一段，因為這就是耶穌對眾人的邀請，包括彼得在內。耶穌不是來審判彼得的，祂只是來邀請彼得一起在沙灘上吃早餐。

在我們跌倒、墮落之後，耶穌要如何重新恢復你我呢？耶穌對彼得的做法，對今天的我們至關重要。彼得在耶穌最需要的時候否定了祂，耶穌有絕對的資格讓他感到羞恥，用罪來定義他。「嘿，彼得！聽說你否認了三次，真的嗎？我很不想這麼說，但我要告訴你，你怎麼能在關鍵時刻讓我這麼失望呢？你後悔嗎，彼得？你一文不值，你沒用，你就是個偽君子。你滾！」如果耶穌說出這樣的話，應該也不意外。

不過，耶穌不是這樣對彼得說的，祂也不會對我們說出類似的話。祂只是告訴彼得：「來吃早飯吧。」（約翰福音21：12）換句話說：「到我身邊來。我想你餓了。這裡有些剛烤好的麵包和新鮮的魚。我想你又濕又冷又累吧。過來坐在火邊取暖，坐下休息片刻，把濕衣服烘乾吧。」

如果耶穌要帶你去吃早餐，你覺得祂會說什麼呢。在生活中，我們往往會選擇接受指責的聲音，我們絕對是有罪的，但這不是上帝想要給我們的生活。我們通常會在犯罪後再加上指責，把一切都攬在身上。我們告訴自己這是自找的，覺得自己沒用，一切都完了。又或著我們想像耶穌會說這些話。但〈羅馬書〉8章1節說：「那些活在基督耶穌生命裡的人就不被定罪。」耶穌在祂與彼得的交往中，為我們描繪了這節經文的完美畫面。耶穌也帶給我們同樣的仁慈。

早餐過後，耶穌對彼得說了幾句好話。有時我們想像那是耶穌和彼得兩人在沙灘上散步、進行私人對話的畫面，但約翰記錄下這些話，所以他肯定也在附近。我想這段對話是發生在火堆旁，其他人也在場。耶穌用三種方式問了同一個問題。基本上，祂想知道的是：「彼得，你愛我嗎？你愛我勝過愛這些漁船、漁網、漁獲以及這些你付出了生命去換取、但我卻要你遠離的東西嗎？」在彼得堅定表達對主的愛之後，耶穌回答：「你餵養我的羊。」（約翰福音21:17）

就在這裡，耶穌為彼得、為我們做了更多的事情，遠多於我們所知。耶穌是在告訴彼得他還沒完成使命。彼得將成為建立和推進上帝使命的磐石。耶穌告訴彼得，他的身分不會是「不認耶穌的人」，他將會成為信仰的英雄和教會的傳奇人物。事實上，彼得很快就會藉由聖靈的力量傳遞福音，而在那一天到來時，信徒約增加了三千人（使徒行傳2:14–42）。

當然，彼得不認耶穌是有後果的，就是兩千年之後，我們還在說這故事。他的否認並未隨著時間的過去而被遺忘。彼得所要面對的後果，就跟我們做出決定後所要面對的結果是一樣的。

但耶穌的重點不在於失敗，而是恢復。恩典消弭了彼得的內疚，也消除了他的羞恥。彼得的身分不再貼上「不認」的標籤。彼得是失敗了，但他不是個沒用的失敗者，他的生命也不再與羞恥劃上等號。恩典將彼得重新定義成全能之神的友人和家人。

這也是上帝的恩典為你我所做的事。

容光煥發的你

我們很容易感到內疚和羞恥，長時間、甚至一生都沉浸其中。每當我們為所犯的罪感到內疚和羞恥，就會給自己貼上「瑕疵品」的標籤。又或是發生不好的事時，我們受到他人的罪所影響，很容易就帶著「受虐」、「受傷」或「傷害」的標籤生活。但這不是真正的你。耶穌說：「不，這不是你的身分。罪是誰對你做了什麼，或是你做了什麼，但罪不是你的身分。你是家人，是全能上帝的兒女，你是宇宙之王的繼承人，這才是真正的你。」

當耶穌邀請你在沙灘上共進早餐時，祂就是在問你是否愛祂。如果你的答案是肯定的，耶穌就會繼續為你恢復。祂說：「這樣很好。我的恩典覆蓋了你的內疚，改變了你的羞恥。我想要你成為我教堂的領導者，我想要你餵養我的羊群，我想要你成為我使命的一部分。我想要你奉我之名，去愛上帝和愛他人。餘生你不必坐在後排，不用活在陰影之下，也不必築起高牆保護自己。你不用逃避或遠離愛你、關心你的人。他們會幫你、愛你，恢復你的正直，你的呼召是將我的名散播到世界各地，我希望你帶領著我的使命前進。你是我選中來執行上帝計畫的人。你不會生活在羞恥和內疚之中，你將按照我的定義生活。既然你愛我，我們就不要走回頭路。讓我們一起前進，一起。」

敵人想要扭曲這一點。他想要一直坐在你桌邊跟你聊天。敵人想要你聽進他的聲音，想要你輸掉內心的爭戰。敵人希望轉移你注視上帝的目光。但〈詩篇〉34篇5節為你指出另一個不同的方向：「被壓迫的人仰望他（主），就有喜樂；他們永不至於失望。」你有想過自己「喜樂」嗎？這是一種非常有力的形象，跟失望形成對比。如果你仰望上帝，你是喜樂的。你的臉上反映著耶穌的光芒與慈愛，你永不至於失望。

要原諒自己可能很難，我懂。但你的新身分不是來自於**你**讓自己解脫，而是來自於意識到耶穌原諒你了，是耶穌讓你解脫。當你認同耶穌時，你的新身分就出現了。祂說你是神的兒女，說你被原諒了。你認同耶穌說的話嗎？

如果耶穌說你可以繼續前進，你就可以大步向前。

第九章

堅定看向榮耀的上帝

越認識神，敵人越無法入座

Don't Give the Enemy a Seat at Your Table

在體育賽事中，主場球隊通常會為現場球迷安排「升級」，隨機從偏遠區挑挑選兩個球迷換到最前排，當帶位員出現將兩人從最便宜的位置帶到最靠近比賽場邊的位置時，你會在螢幕上看到那兩人像發瘋似的激動。從底層群眾變成超級貴賓，每個人都想坐在最好的位置。

這也帶出了〈詩篇〉23篇中最令人費解的概念，我們已經對此有所涉獵，但我還想再更深入討論。真的，這就是本書的核心。**為什麼上帝要在敵人面前為你準備桌子呢？為什麼敵人能在你的桌邊得到最佳的看戲座席呢？**

如果那桌只坐著上帝，這不是比較合理嗎？為什麼不消滅敵人？不改變現況？不消除癌症？不帶回你的所愛之人？不讓四處散布的謊言消失？

要找到答案，就讓我們再想一次這張餐桌吧。你受邀參加盛筵，桌上擺滿各種能滿足你、支持你的食物。但你真正在意的不是草莓大小或牛排熟度。你意識到這張餐桌之所以強大，不在於桌上有什麼，而是誰坐在那。你正與王同坐。不是那種普通的國王，你是與萬古之王、宇宙之神一起用餐。你正與宇宙中最聰明、最善良、最有愛心、最具創造力、最快樂、最有趣的人坐在一起。

在風暴中，祂就在附近。好牧人一直為你而在，且觸手可及。祂邀請你與祂建立深層關係，你想要多深就有多深。稍稍沉澱片刻想一想，宇宙之神想要共度一對一時光的對象……是你。

我和雪萊養了一隻名叫倫敦的黃金貴賓犬，愛她就是要認識她，她真的很棒，也不會亂叫，為我們帶來許多歡樂時光，讓人覺得有她的陪伴很美好，還自帶討零食的技能。每次帶她出去散步，路上的陌生人就會把我們攔下來跟她打招呼、摸摸她。這些陌生人也沒想跟我們打招呼，只想認識我們家的狗。

之所以取名為倫敦是有特殊意義的，因為倫敦是我和雪萊最喜歡的城市。我們在一九八八年第一次踏上倫敦，後來也去過不少次——有時是為了和學生傳教，有時是教會活動，有時就僅是探索城市。我們在倫敦各地都有朋友，所以也可以用當地人的視角來認識這座城市。我們曾在艾比路錄音室錄製音樂專輯（披頭四就是在這裡錄音的），看過國會大廈背後鮮為人知的場景，甚至也在漢默史密斯阿波羅球場（Eventim Apollo）和溫布利球場（SSE Arena, Wembley）舉辦過我們教會的活動。

在倫敦待了這麼長時間後，我和雪萊對這座城市可以說是再熟悉不過了。這麼多年來，我們就像切蛋糕似的，將它切成一塊塊適合入口的大小，細細品味這城市的每個角落。我們還不到傾盡一切去認識這座城市，但如果你問我們是否認識倫敦，答案是肯定的。我們對這座城市的認識並不僅限於表面，而是深入調查探索。我們檢視、研究、搜尋，並有所發現。

你是否知道，我們也可以用這種方式來認識全能的上帝呢？我們是否可以只圍繞這個事實來思考？

這個邀請十分驚人，但這並不只是邀請你來認識全能上帝的更多資訊。我和雪萊可以透過閱讀書籍和與他人交流來認識關於倫敦的大量訊息，但這與親自踏足仍有天壤之別。

有一位無限偉大的上帝，祂邀請你深入、密切、豐富地認識祂。這份邀請是邀你與祂同坐，親身經歷祂，在祂的面前。當你意識到這種可能的重要性時，你會發現在生活中，沒有什麼能比你全心全意去認識祂更有價值或更值得的事了。

這一點很重要，因為我們能避免敵人在身邊坐下最好的方法之一，就是與同桌的主人合而為一。當然，我們知道敵人就在一旁虎視眈眈，像頭咆哮的老獅子在尋找獵物。然而，我們的目光堅定注視著榮耀的上帝。我們為祂的身分以及祂帶給我們的一切美好所著迷。透過堅定地注視耶穌，我們會贏得內心的思想之戰。

面對美景的失語

若要真正認識上帝，你必須學會在祂身邊逗留。

岳父是我人生中最重要的人之一。對我、對所有認識他的人而言，他就是一個傳奇人物，同時也是個行動迅速的人。我和雪萊剛開始約會時，我們會和她父母一起吃飯。餐點上桌，我們也在聊天，經常我才吃到一半，就發現她父親已經吃完了，盤中空空如也。我心想：「四十五秒之前我還看見那上面有食物的啊。」我心裡打定主意，總有一次我要吃得比他快。於是，之後只要餐點一來，我就不說話，直接迅速開動。但每每我再抬頭，不用想，她父親肯定又吃完了。

婚後，有次我們與雪萊的父母一起到加拿大西北部旅行，我學會了如何加快速度。在我們終於抵達維多利亞島（Victoria Island）後，打算要去參觀堪稱世界奇景之一的布查德花園（Butchart Gardens），我準備在那裡停留一整天，但雪萊的父親再一次向我們展現何為行動快速。

猜猜我們在那裡待了多久？一整天？半天？都不是。我們在布查德花園整整只待了二十七分鐘，其中八分鐘還是在排隊等冰淇淋。當我們腳步輕快地走在園中時，雪萊父親手中的攝影機也沒閒著。

就在拿到冰淇淋的時候，他問：「準備好了嗎？我們離開吧。」

「還沒準備好啊。我們才剛到，想好好在這裡看看。」我們回答。

「但我已經錄好了，我們可以回家在電視上慢慢欣賞。」他說。

這是趕到連停留的時間都沒有。

在全能的上帝身邊徘徊，是抵禦試圖想入座的敵人的最佳方法。你不要再看著敵人，將目光注視上帝就對了。當然，這是在你知道敵人詭計後可以採取的策略，學習如何不讓敵人坐下。但還有更好的方式，就是攻守交換，從被動轉為主動。當我們全心尋找上主（詩篇27:8），偉大的事情就會發生。是的，當你渴望親自體驗上主的美善時，美妙的事物就會充滿你的生活（詩篇34:8）。

正如二十世紀最具影響力的護教家魯益師（C. S. Lewis）所指出，許多人都太過專注於減少對世俗事物的渴望，但「主似乎發現了我們的慾望並非太強烈，而是太脆弱。我們是一種三心二意的生物，在無限快樂的面前，光是酒精、性愛和野心就能讓我們沉迷其中，就像無知的孩子一心只想在髒亂的地方

捏泥巴，因為他無法想像在海邊沙灘上渡假玩耍是什麼感覺。我們太容易被取悅了」。★

大學時，有一次友人邀請我一起進行為期六天的公路旅行，在國家公園裡露營，當時這份邀請帶給我認識全能上帝的巨大能量。因為我在喬治亞州立大學的地理課上學過關於冰川覆蓋火山的知識，我尤其期待能在西雅圖附近的喀斯喀特山脈親眼目睹瑞尼爾山（Mount Rainier）。

至少我是這麼認為。

我和友人開車到山上的最高處，約海拔五千英尺。關於這座山，我覺得我有很多從地理課上學來的東西可以跟朋友說。但當我們抵達後，下車環顧四周時，我突然激動地淚流滿面，什麼話都說不出來。眼前的山太過壯觀神奇，我被大山驚呆了，對著它的美麗一陣失語。

隔天晚上，我們在俄勒岡州的庫斯灣露營，我盯著帳篷的帆布頂與上帝對話，詢問祂為何我在瑞尼爾山上會有此反應。上帝在心中對我說：「路易，昨天你學到了某種強大的事情。你學到了**知道和親身體驗的差距**。你是帶著知識上山，但昨天，你捕捉到了天啟。」

那晚在帳篷裡，上帝清楚地讓我知道，在生命中我是有選擇的：我可以選擇當一個知道上帝的人，也可以接受邀請，真正去認識上帝。關於上帝，我知道很多，但是在瑞尼爾山上的體驗改變了一切。我必須要超越過去對上帝所知的一切，才能真正深入地認識上帝。

這份邀請也適用於你。

認識上帝

這是怎麼發生的？你要如何認識全能的上帝？透過上帝的話語和耶穌基督

★ C. S. Lewis, *The Weight of Glory* (San Francisco: HarperCollins, 2001), 25–26.

來認識祂，祂說：「誰看見我就是看見父親。」（約翰福音14:9）你在聖靈的引導下到來，聖靈會把一切的事指示你們（約翰福音14: 26）你透過發現祂的屬性來認識祂。正如陶恕牧師（A. W. Tozer）所說：「上帝以各種方式揭示的真實自我，就是上帝的屬性。」★

上帝的屬性是無窮無盡，因為上帝是無限的。舉個簡單的例子：上帝就是愛。這是貫穿整本聖經的真理，尤其是在〈約翰一書〉中。上帝不是宇宙中某種具有模糊之力的能量，祂是有位格的神，擁有完整的意志和情感。而驅動祂的意志和引導情感的，就是愛。

- 上帝那麼愛世人，甚至賜下他的獨子。（約翰福音3:16）
- 上帝對我們顯示了無比的愛：當我們還是罪人的時候，基督已經為我們死了。（羅馬書5:8）

當你去觀察、研究、默想神的愛，你就會知道，愛是上帝最非凡的屬性之一。將上帝之心視為愛，你會看到，對世人的愛，是祂最大的動力之一。當你看到上帝是愛的上帝時，你就開始真正認識上帝了。

或者換個方式思考：假設我問你知不知道足球，有很高的機率你會說知道。我的意思是，這種問題不管在世界的哪個地方問，答案都會是肯定的。這世界上誰不知道足球。好吧，那如果我問你在足球比賽中，場上有幾個球員呢？或許知道的人會少一點，但世界上還是有許多人知道一隊是十一個球員。好吧，那如果我問你知不知道亞特蘭大職業足球隊的名字呢？或許知道的人又少了一點，但許多美國人，如果他們常看比賽，應該就有聽說過亞特蘭大聯隊（Atlanta United）。如果我問你是否知道亞特蘭大聯隊去年贏得北美足球聯盟（MLS）冠軍呢？可能還是有些人知道。但如果問你是否還記得二〇一八年賽季

★ A. W. Tozer, *Knowledge of the Holy*, repr. ed. (New York: HarperOne, 2009), 13.（中譯本《認識至聖者》由啟示出版）

聯隊的頭號射手名字呢？你還記得是轟動一時、來自委內瑞拉的約瑟夫・馬天尼斯（Josef Martinez）嗎？

噢，不過我們都算認識足球，對吧？

我的意思是，你是認識足球，但你還可以真正了解足球。有些人是在電視上看過幾場比賽，有些人是看過每場主場比賽、陪著喜愛的球隊出現在每場的客場比賽中，知道亞特蘭大聯隊每位球員的姓名與球衣號碼。要再進一步認識的方式有很多。

如果從上帝是靈且具有位格的特性來看，用足球為例可能不夠好，畢竟認識上帝並不像是把除草機拆解開來就能看清楚的。用人際關係來比喻的話，我們來看看你對一個人的認識有多深。如果你問一對剛約會兩天的情侶認識和喜歡對方什麼，女生可能會說：「他很高、很貼心又很有趣。」這些話沒錯，也是事實，但肯定不是對方的全部。

如果是一對結婚超過二十年、婚姻幸福的夫妻，你問他們對彼此的認識多少、喜歡對方什麼，他們可能就會說出完全不同的答案，甚至得說上大半天。女方可能會說：「他對孩子們很好，喜歡他跑步回家後的樣子，喜歡他對親人的耐心，對每個人的友善，還有他的機智敏捷，處理我各種情緒的方式，對家庭的支持，在吵架後不會甩門而去，還有我們一起討論信仰的方式。我愛這個人，不是因為他的經歷，也不是因為我可以很快總結出他是誰，而是因為在過去二十年來，我們一直密切地生活在一起。我知道他的特點、舉止、性格、想法、行為，我知道他在意什麼，我知道他的心。」

當談論到對上帝的認識時，祂邀請你不要只滿足於表面的知識。祂邀請你深入了解祂，在那裡你可以探索祂的恩典、祂的愛、祂的憐憫、祂的廣大性、祂的純粹、祂的聖潔和祂的全能。你知道祂會如何幫助你、關心你、支持你，知道祂從不讓你失望，如何為你好，如何充滿智慧，祂的忠告多麼豐富，祂永不改變，祂總是無所不在，卻能專注地愛著你，祂是多麼公義。你會知道上帝多麼仁慈，多麼美麗、強大和榮耀。

上帝希望能被你認識，而你也可以根據你所渴望的程度去了解祂。

瞥見上帝

我們來深入認識上帝的兩種屬性。這些屬性不是上帝的全部，但會讓你更想進一步認識祂。以這種方式認識你的牧羊人，將有助於不讓敵人在你的餐桌邊佔有一席之地。

第一，上帝是聖潔的；第二，上帝是充滿榮耀的。在我們所認識關於上帝的真理中，這兩種屬性非常相近。當他們出現在聖經和耶穌基督的位格中時，兩者非常接近。

好，上帝是聖潔的。這是什麼意思？跟你有什麼關係？為什麼你會想要更深入認識上帝的聖潔？至於上帝充滿榮耀，也是同樣的問題。在整個宇宙中你都可以看到上帝的榮耀，但認識多寡對你我又有何差別呢？

我們從上一章最後一段提過的〈以賽亞書〉6章開始吧。我們得知先知看見上主時的畫面、以賽亞承認自身問題的反應以及接受上主的恩典。以賽亞的過犯都被紅炭所消除。但我們再深入看看同一段經文，一開始我們其實跳過了許多內容。也就是說，上帝給以賽亞的啟示並不只是關於祂，而是**深入**祂自己。在該段經文中，上主高高地坐在寶座上，長袍覆蓋了整個聖殿，周圍有天使撒拉弗（色辣芬）侍立，每一個都有三對翅膀：一對遮臉，一對遮體，一對飛翔。他們彼此呼應說：「聖哉，聖哉，聖哉！上主——萬軍的統帥！他的榮耀充滿全地。」（以賽亞書6:3）

這段經文讓我們對上帝有非凡的認識。我們在〈啟示錄〉（默示錄）和〈以西結書〉中都可以瞥見類似的畫面，但充其量只看到天堂的一角，只看到了神奇的靈體、天使因上帝而喜悅——甚至敬畏到無法直視上帝。為了榮耀神，他們甚至遮住雙腳。這些天使呼喚著上帝的何種屬性？他們不是呼喊：「強大、強大、強大。」他們不是呼喊：「信實、信實、信實。」他們不是呼喊：「超凡、超凡、超凡。」他們不是呼喊：「不變、不變、不變。」即便上帝不只具備這些屬性，天使們看到的是更重要的一點。他們不受文字所限，不是要辯論神學概念，也不是要在聖經搜尋引擎中搜索鼓舞人心的名言。都不是。他們是在神的聖潔上縈營，呼喊著：「聖哉，聖哉，聖哉。」

何謂聖潔？天使正在引導我們走向上帝的完美、純潔和無罪，但這些詞仍不足以完整表達何為聖潔。聖潔一詞是來自於希伯來文的「聖」（qadash），代表兩個非常相近的概念：「神聖」和「分別為聖」。★這也正是天使們在呼喊的：「您是神聖的，您是分別為聖的！您是神聖的，您是分別為聖的！您是神聖的，您是分別為聖的！」

當我們說「分別為聖」，指的是上帝有自己的聯盟、自己的賽場，沒有任何東西、也沒有人能像祂一樣。因此，當你說「我想把主放在心中首位」，這就對了。上帝不能排在第二、第三或第四。無論我們承認與否，祂永遠是排在第一，是至高無上的勝者，而且那是專屬於祂的位置。祂不是在跟任何人賽跑，沒人在比賽，賽場上什麼都沒有。上帝是聖潔的、神聖的、分別為聖的。在〈出埃及記〉15章中可以看到，以色列人從埃及被拯救出來後的第一首讚美歌，11節經文說：「在諸神中有像你的嗎？誰像你神聖威嚴？誰像你行神蹟奇事？」這就是我們的上主。

神的榮耀又是什麼？說到榮耀，我們想到的是名聲，或是一座城市的榮耀，或是登上雜誌封面。但那只是表面的讚美。上帝的榮耀大不相同。上帝的榮耀不會轉瞬即逝，也不能用標題來衡量。希伯來文中的榮耀是kabod，同樣包含兩個概念：「重量」和「價值」。*上帝有不可估量的重量和價值，祂偉大且無價。這就是神的榮耀。

在希伯來文中，如果重複某個詞或最高級的表達，就是在加倍強調其本質。在聖經裡你很少會看到一詞連續重複強調三次。〈以賽亞書〉6章所要強調

★ James Strong, *Strong's Exhaustive Concordance of the Bible* (Nashville: Thomas Nelson, 2009), 6942.

* Strong, 3519.

上帝有不可估量的重量和價值，
祂偉大且無價。
這就是神的榮耀。

的就是：「上帝，您是神聖的、分別為聖的。您的重量與價值無法估量。加倍再加倍。上帝，您不只是聖哉……」

「您是**聖哉，聖哉，聖哉！**」

爬上聖山之巔

是否要更完整地去認識上帝，選擇權在你。感謝耶穌，你在認識上帝的道路上已無阻礙。這事情並非從一開始就如此順利，在舊約中這事是有障礙的——人們必須憑藉著信心向前看，相信在他們與上帝之間由罪所造成的阻礙，有朝一日會因為救主的作為而打破。

耶穌為我們開闢了通往上帝的道路，讓人們能毫不受限地真正認識上帝。保羅在〈哥林多後書〉3章中描述了這一點。神的事工以前是寫在石板上，但現在是寫在人心裡。保羅接著說：「因為我們有這樣的盼望，我們有無比的勇氣。我們不像摩西，他必須拿帕子蒙著自己的臉，使以色列人不能看見那光輝漸漸褪色。」而現在我們所有人都不用蒙臉也能看見神的光輝，我們被改變成祂的形象。十字架和聖靈帶給我們自由。這種自由是什麼？是勇敢地來到祂面前，在上帝的山上隨心所欲，想爬多高就爬多高。

這就是耶穌為我們所做的事。當天使們宣布祂的出生時，說：「願榮耀歸於至高之處的上帝。」（路加福音2:14）這世界上最偉大的重量和最偉大的價值都已經在基督裡來到這世上，對今日的我們而言，這是一個驚人的事實。耶穌為我們開啟通往「聖哉，聖哉，聖哉」的上帝之路。在耶穌斷氣後，「懸掛在聖殿裡的幔子，從上到下裂成兩半。」（馬太福音27:51）感謝耶穌，神與人之間的隔閡已不復存在。我們可以接近天父。〈希伯來書〉10章19–20節清楚指出：「我們藉著耶穌的死可以坦然無懼地進到至聖所。他為我們開闢了一條新路，一條通過幔子，就是通過他的身體的活路。」

上帝邀請我們一路爬上祂的聖山山巔，如果只是在山腳下向上仰望，也不是看不到祂，但上帝邀請你往上走，一路走上頂端。在你往上爬的過程中，你會發現上帝擁有無限的力量、無限的慈愛、無限的美麗、無限的威嚴。聖奧古斯丁曾說：「你為自己而創造了我們，我們的心如不安息在你懷中，便不會安寧。」★

所以，如果你想知道如何不讓敵人坐下，爬上上帝的聖山就對了。感受一下祂威嚴的價值與分量。在這過程中你會被改變。聖經清楚地告訴我們，我們會與所造的偶像一樣（詩篇115:8）。當我們將目光投向全能的上帝，就會變成捕獲我們靈魂的祂，也將反映祂的榮耀。

在困境中閃耀光芒

還記得稍早前看過〈詩篇〉34篇5節「仰望他，就有喜樂」這句話嗎？當

★ Augustine, *Confessions*, trans. F.J. Sheed, 2nd ed. (Indianapolis: Hackett, 2006), 1.1.1.

你注視耶穌，面色就會改變。沒錯，就是字面上的意思。你的眼神中會開始閃耀著希望的光芒，曾經低落的表情也會出現笑容。你能看見嗎？你正與你的王一同坐在衝突的中心。你的敵人就坐在一旁近距離觀察著。上帝還把他們的位置從上面移下來，給他們一個近距離的有利位置。他們看到了什麼？他們會看到在壓力下的你一蹶不振或是瞪著他們嗎？不會。他們只會看到凝視著威嚴上帝的你，臉龐正在發光。

哇！這讓我們直接看到問題的核心——**為什麼要把餐桌擺放在敵人環繞之處？**因為我們所在的故事是關於上帝的偉大。我們因好牧人的帶領而獲益，讓耶穌作為最偉大的牧者而得到榮耀。

神的榮耀比什麼都重要。如果人們不知道祂的偉大、恩典與美善，又怎麼可能不去選擇其它較無價值的選項呢？如果人們沒感受到祂在你身上的展現，又怎麼會知道祂比其它一切都好呢？我內心沉重而肅穆地想起了數年前，有二十一個人跪在利比亞的地中海邊遭到處決殉難，只因為他們是基督徒。★

俘虜者厚顏無恥、無情地奪走他們的生命，但唯有永恆才知道，他們在面對死亡時，因崇拜全能上帝而容光煥發產生了什麼影響。他們的俘虜者肯定在心中納悶：**在刀鋒之下還能歌頌天堂的這些人究竟是誰？**

餐桌就擺在敵人面前，是因為上帝希望你知道，你永遠都有足夠的時間來面對每一次的困境，在每個漆黑的夜晚中，祂都會支持著你。而且上帝希望能讓敵人看到你閃閃發光。為什麼？因為隨著時間過去，他們就不再盯著你，而將注意力轉移到那位有能力讓你面容發光的父上帝（羅馬書14:11、腓立比書2:10–11）。

最後，餐桌就擺在敵人面前，是因為要讓敵人聽見你的歌聲。當你凝視耶穌，敬拜就不會中斷，而敬拜將成為武器。當你以此宣言戰鬥時，不僅是高舉

★ David D. Kirkpatrick and Rukmini Callimachi, "Islamic State Video Shows Beheadings of Egyptian Christians in Libya," New York Times, February 15, 2015, https://www.nytimes.com/2015/02/16/world/middleeast/islamic-state-video-beheadings-of-21-egyptian-christians.html.

上帝，同時也將打破困住你的枷鎖：**看起來或許是我被包圍了，但我是被您包圍著，耶穌！**當你對上帝的認知從茶杯大小的知識提升為海洋般的理解時，一切都會發生變化。

至此，敵人將很難擠入你與上帝的新關係。你要如何贏得內心的爭戰？將你的心思放在基督身上就對了。句點。敵人不可能在屬於你的餐桌上得到一席之地。

第十章

澆灌心靈的花園

讓心思安在聖靈想要的地方

Don't Give the Enemy a Seat at Your Table

我和雪萊定期會帶倫敦去不用上牽繩的狗公園玩耍，她可以盡情地在那裡跟狗朋友們一起跑跳玩耍，對我們來說也是一段快樂時光。

但那兒也不全是歡樂和遊戲。公園裡有個涵洞，裡面有個排水管，排放著某些建築的廢水。倫敦很喜歡衝進排水管，這是絕對禁止的。那水管的直徑約兩英尺，她跑進裡面經常讓我們看不到蹤影。我們不知道裡面除了可怕的黑暗之外還有什麼。這個管道是倫敦的禁區，我們很清楚讓她知道這一點。

倫敦也不是經常往那裡跑。通常我們會去公園，一切如常，跟爸爸媽媽玩得很開心。但有些時候，就在我們抵達狗公園時，我們讓她下車的那一刻，你就可以看到倫敦內心隨即陷入掙扎。我不知道她確切在想什麼，但我打賭肯定是類似這樣：「嗯，爸爸媽媽說我不可以去排水管那裡，我會把腳搞得又濕又髒，我知道他們不喜歡我這樣做。管道裡可能還有不知名的東西會咬我的鼻子，我知道不應該去那裡，但是……去那裡就像一場冒險遊戲，太好玩了。去一次就好，我要仔細觀察他們何時會看向別的地方。」

就在我們看向別處時，咻，她跑了。像閃電般衝下坡，一心奔向毀滅。她的心思全在排水管上，她就是無法擺脫那個想法。

你是否也有這種擺脫不了某種想法的時候？

在本書尾聲，或許你仍然被某種想法或態度所困，仍為自己錯誤的認識而倍感沉重，又或許你還無法擺脫纏人的誘惑。你知道上帝想要你做什麼，但你卻很難讓心思不去想那條通往匱乏的道路。

這才是真理：為生命而戰，就是要贏得你內心的爭戰。上帝希望你奉主耶穌的名，透過聖靈的力量，進而控制自己的思想。你可以想辦法徹底改變你的生活，這就是整本書一直在討論的內容。上帝與我們同在，因為祂與我們同在，我們最終就會在勝利之中。或許途中會偏離正軌，讓敵人有機可趁，但其實我們也可以讓這些事完全不發生。

〈羅馬書〉8章6節很好地說明了我們無須讓敵人坐下：「意向於本性就是死；意向於聖靈就有生命和平安。」有些英文版本把「意向」翻成「受控制」

或「被支配」，也就是「受控制於本性就是死；被聖靈支配就有生命和平安」。我喜歡受聖靈支配的心。我們可以有全新的心態，用全新的方式看待自己，用全新的方式思考生命。

我們要如何讓心思安在聖靈想要的地方呢？

引領生命的七種心態

我們需要有引領生命的心態，我希望你知道，你可以有不一樣的心態。你可以有不同的想法，你的生活也會變得不同，因為你的心思是安在基督身上。上帝與你同在，祂就在你身旁，基督為你建立起勝利的灘頭，但之後就全看你自己了。

這一切在現實生活中要如何實現？要阻止敵人坐下的方法就是贏得內心的思想之戰，也就是以引領生命的全新思維取代陳舊的有害想法。新的思維會讓

我是由聖靈所派遣，
執行上帝國度的任務，
在黑暗的世界中成為明燈，
讓其他人可以看到耶穌。

你有不同的做法——改變行為。勝利始於內心。在心中獲取勝利的最佳方式之一，就是少讓魔鬼或你試圖要避免的邪念出現，多去想想上帝以及你打算擁抱的真理。而你可以使用的強大工具之一，就是背誦聖經的能力。

想像你的內心是一座花園，種子隨風飄在空中，或是鳥兒叼來落地，或被不知名的東西傳到你的園中，而身為園丁的你有責任照看在花園中生長的一切。你可以為好的種子澆水，讓其成長發芽，並且拔掉你不想要的雜草。

你要如何耕種、除草和灌溉你的心靈花園？〈羅馬書〉12章2節說：「不要被這世界同化，要讓上帝改造你們，更新你們的心思意念，好明察什麼是他的旨意，知道什麼是良善、完全，可蒙悅納的。」無論你種下任何想法，最終都會在你的花園中生長。你種什麼，就收穫什麼。

想要更新思想，方法就是讓思想圍繞著聖經。你可以控制想法，特意在心中種植上帝的好種子／思想。隨著這些思想生根發芽，敵人試圖在你心中種下的破壞性想法也會為之清除。

接下來是來自上帝的七顆種子——等一下，別想說要記住七個新的真理太費事，就直接把書闔上放下了。你可以做到的！這需要時間，但你會**從此改變思維，進而改變人生**。

我鼓勵你從小處著手。重新調整、讓想法與上帝一致，是個漫長的過程。所以一次一步，每天從一個想法開始。專注在那想法，背誦聖經。在一週結束後，你就懂得如何用自己的方式灌溉心靈花園。也或者你可以一週就專注一個想法和一段經文，然後持續七週。不管是哪種方法，從現在開始就將七種想法種植在你的心中，讓它們成為你的一部分，並且記住經文內容。

1. 我在上帝的故事裡

關於你是誰的故事，其實是上帝更大的故事中的一部分。上帝的故事比你的還大。最終，這個故事不是關於你。但你受到邀請，進入上帝偉大榮耀和恩典的故事中。全部都是關於祂，而祂已為你保留座位。

你在母親子宮裡成形之前，上帝就已認識你。好牧人耶穌一直在引導你，而上主引導人走該走的路，保護順服他的人的腳步（詩篇37:23）。

記住這段經文，將這個想法植入腦中：「上帝說：『唯有我知道我為你們安排的計畫：我計畫的不是災難，而是繁榮；我要使你們有光明的前程。』」（耶利米書29:11）

你對上帝很重要。但終極目的不是讓你成為焦點。當你選擇進入祂永恆的故事中時，你的生命才會有偉大意義。

2. 我受造奇妙可畏

你不是宇宙中隨機誕生的生命。上帝造你有其目的，你是奇妙的。上帝會保護你，指名呼喚你（以賽亞書43:1）。

記住這段經文，將這個想法植入腦中：「我的五臟六腑是你所造；在母腹中你把我湊合起來。我頌讚你，因為我受造奇妙可畏；你的作為奇妙非凡。我心

裡深深領會。」（詩篇139:13–14）

你不是製造者，你是受造。上帝不是依你的形象、依你覺得應該如何而造你。你是被造在祂裡面，是祂決定要你在祂的宇宙中。祂想像並塑造了你。你不是意外，也不是偶然。你是神所創造的。

每天灌溉這顆種子。隨著時間過去，你的心中會擁有一顆橡樹，為你和周圍的人遮蔭。你會開始相信，你就是上帝所說的你——獨特且有價值。

3. 我的生命有其目的

你是為了一個崇高的理由而誕生。上帝有美好的事要你去做。祂呼召你為重要的事情而活。

記住這段經文，將這個想法植入腦中：「上帝是我們的創造者，他藉著基督耶穌改造了我們，要我們行善；這是他早已計畫要我們去做的。」（以弗所書2:10）

隨機出現的東西就是隨機出現，這種逐步形成的事物缺乏特定的意義，但被創造出來的事物卻有其目的。這世界上只有一個你。你是獨特的呼召，有存在的理由。在上帝偉大的故事中，你是一個重要且被需要的角色。

別被你是可有可無的謊言騙了。你不是可有可無。上帝將你帶到世上是有目的的。你的生命很重要，對神以及對祂安排你服事的對象皆是如此。

4. 十字架就是一切

耶穌在十字架上定義了你的生命，讓你戰勝死亡。你是新造之人。你不是不受歡迎、不被愛或一文不值的人。你是上帝想要之人，是按照上帝形象所造，而且值得擁有耶穌的愛，因為祂選擇賦予你價值。你的身分是在基督的死亡、埋葬和復活中誕生的。

不要讓任何人試圖說服你耶穌為你捨命時所沒有展示的事情。你已經得到原諒，恢復正軌，你在基督裡是聖潔的。你出生在一個新的家庭，融入神聖的計畫和目的。你的罪消失了，你自由了。

記住這段經文，將這個想法植入腦中：「無論誰，一旦有了基督的生命就是新造的人；舊的已經過去，新的已經來臨。」（哥林多後書5:17）

5. 很榮幸為萬王之王服務

耶穌的事工改變了你的工作。你不僅是在完成一份工作，你是在服事耶穌基督，萬王之王。

根據這個真理，以下是新的個人願景聲明，你可以每天這樣提醒自己：**我是由聖靈所派遣，執行上帝國度的任務，在黑暗的世界中成為明燈，讓其他人可以看到耶穌**。

記住這段經文，將這個想法植入腦中：「你們是蒙揀選的種族，是王家的祭司，聖潔的國度，上帝的子民。上帝選召你們離開黑暗，進入他輝煌的光明，來宣揚他奇妙的作為。」（彼得前書2:9）

6. 耶穌是主，耶穌是我的主

你的主比什麼都強、比什麼都高，值得一切讚美。你的主是偉大的王。祂的國度是永恆的，祂的計畫是無懈可擊且明確肯定的。

記住這段經文，將這個想法植入腦中：「上帝高舉他，及於至高，賜給他那超越萬名的名號。為要尊崇耶穌的名，天上、人間，和地底下的眾生都得向他屈膝下拜，眾口要宣認：耶穌基督是主，同頌父上帝的榮耀。」（腓立比書2:9–11）

7. 我的上帝化惡為善

生活並不總是如你所願。你生活在一個破碎的星球，但任何情況都不能阻止我們先前提到的種子在你心中發芽生長。任何困難、低潮、疾病、離婚、黑暗或絕望都不能阻礙敬虔思想的成長，使其成為你思維方式的主幹。

將這個想法植入腦中：「我們知道，上帝使萬事互相效力，叫愛上帝的

人——就是他按照自己的旨意呼召的人都得益處。」（羅馬書8:28）

✻

從這裡開始。上帝已經在祂的話語中說出真理。現在一切就取決於你是否要將這些真理植入腦海，並繼續耕種、培育它，直到聖言在你心中生根發芽、結出果實。

讓我們剛剛描繪出來的景象為你照亮真理：花園就是你的心靈，你透過種植「上帝話語」來改變自己。那一位就坐在桌邊，那裡是你與好牧人相交的地方，也是你不願讓魔鬼坐下的地方。你想和你的主一起享用這頓大餐。在這幅景象中，高山代表主的偉大，而你擁有深入探索祂的特權，可以在這座山上越爬越高。

所有這些景象，都是關於你受邀與宇宙之神建立深刻關係，並持續加深這段關係。不要害怕，好牧人耶穌會引導你走好每一步。

持續精進

聖經說得很清楚：耶穌住在你裡面，當耶穌住在你裡面，你的過錯都會得到饒恕，會從定罪中解脫，獲得全新的生命，進入新的家庭。你會透過耶穌與上帝建立關係。十字架上的基督就是要讓你脫離死亡，讓你將生命完全獻與耶穌。你在聖靈裡活著，靠著聖靈而活，為基督活著，在基督裡活著，活出基督的生命，使祂得著榮耀。這不是一種談判。這是完全順服耶穌的呼召。你必須完全開放、完全供祂使用。祂給了你一個新的身分。你的使命就是要讓祂的好消息傳給更多的人。

我不知道你怎麼想，但我想要每天都將思想和心靈放在基督身上，我希望讓聖經時刻充滿腦海。我不想浪費任何時間，我不想偏離軌道，我更不想讓敵人在我的餐桌邊坐下。我想將思想放在聖靈上，每天都順服祂。上帝已經為你我開啟了道路，不是透過我們個人的方式，而是透過傳福音的過程。

我知道我想要上帝在我的生命中以一種超自然的方式存在。我不希望到生命的盡頭時，回顧一生才發現自己過著世人口中正常但千篇一律的生活。我不想當個普通人，也不想要走最簡單的道路。我想親密地、深入地認識上帝。我希望我的生活可以挑戰人類的解釋極限。

做一個可以完全依賴聖靈力量的人。我相信這也是你想要的生活，這樣的生活也可以是你的。它是由你憑著信心向前邁進的。我們經常都想先看到奇蹟，然後才行動。那種感覺就像是：「我有個建議，上帝，您先做些偉大的事，然後我就會行動。先給我正確的台詞，然後我就會拿起麥克風。先給我錢，然後我就會去做你叫我做的事。先給我我需要的配偶，然後我就會踏入未知的世界。」但通常唯有我們按照祂的引導去行事說話，耶穌所提供的充實生命才會顯現。我們依照信念所採取的行動，才會啟動聖靈的力量。

現在該是你採取行動的時候了。

你無須邀請敵人入座。你可以贏得內心的爭戰。不要屈服於罪惡、絕望或黑暗。捕捉你的每一個想法。奉主耶穌的名，約束所有不是來自上帝的想法。讓你的內心充滿聖經的美善與豐富。記住聖經內容，做你思想的主持人，讓神的思想充滿你的內心和生活。將生命完全獻與耶穌。祂會帶領你到青草地和安靜的水邊，帶領你穿過陰森山谷，而你無須恐懼。你不至缺乏，因為耶穌會恢復你的靈魂。耶穌會帶領你到被敵人包圍的桌前，但沒什麼好擔心的，因為你的頭上滿是膏油，你的杯中滿溢，善良和憐憫伴隨著你度過每一天。

好牧人與你同桌。耶穌邀請你享受祂所提供的一切。這就是屬於你倆的餐桌。祂就是盛筵。

致謝

每本書都是一段旅程，而如果沒有這一群人的陪伴，本書的旅程就不算完整。我和雪萊非常幸運能成為熱情城市教會的一分子，這是全世界最棒的團隊。更要感謝哈珀柯林斯基督出版社（HarperCollins Christian Publishing）的工作夥伴。

我要感謝我的寫作夥伴馬庫斯．勃塞頓，他本身就是一位獲獎作家。馬庫斯，謝謝你的幫助，塑造出本書的故事，並為本書內容添加了聲音。我非常佩服你的寫作技巧，更欣賞你渴望看到聖靈以另一種方式將上帝的真理與人們的心靈聯繫在一起。

本書是與熱情出版團隊的負責人、基督教出版界的傳奇人物凱文．馬克斯攜手打造的。我倆的辦公室只有一牆之隔，我喜歡在另一邊的你，以沉穩的智慧領導我們與哈珀柯林斯基督出版社的合作關係。也要感謝項目經理艾蜜莉・佛伊德和行銷經理瑞秋・樂格特斯的付出。

我也非常感謝哈珀林斯基督出版社的每位成員，首先是馬克・申瓦德，還有唐・傑克布森（他出版了我的第一本書，最近加入哈珀林斯基督出版社），以及達蒙・瑞斯（領導W出版集團）。我也很榮幸能與W出版集團的團隊共事：凱爾・歐倫德、梅根・波特、佩吉・安德魯、卡倫・沃飛、蘿拉・阿斯維基、艾莉森・卡特以及這個傑出團隊的其他成員。

我個人所在的熱情出版團隊也非常出色，提供寫作／編輯協助、創意建議、商業行銷與社群媒體經營，還不斷給予鼓勵等等。如果沒有執行項目經理兼首席顧問蘇・葛瑞迪和整個團隊（安娜・穆諾澤、賈克・大和、布瑞特・亞當斯和麥席・凡斯）的協助，我無法完成這個項目。

我和雪萊是熱情家族的一員，這是一個充滿創意家、戰略家、藝術家、牧師和建設者的大家庭。他們攜手培育並領導著一個強大的生態系統，讓這類的書籍能夠傳播到世界的每個角落。

英文版的封面設計出自萊頓．井，由錢德勒，桑德斯負責線上設計，凱特琳．倫道夫擔任項目經理。

我也要感謝密斯提．佩吉、柯提．麥克柯密克和賈斯汀．西門，感謝有效使用熱情集團資源，讓許多人認識這本書。

此外，喬．甘南、凱文．史黛西、詹姆士．佛爾和林登西．威廉掌管著我們的故事線和行銷管道，深信本書內容會觸動及鼓勵到許多人。

我和雪萊深深感謝大家，更珍惜我們一起服事上帝的機會。

國家圖書館出版品預行編目資料

別怕，祂都在：與耶穌一起贏得心靈爭戰，活出你的得勝人生 /路易．紀里歐（Louie Giglio）著；張瓅文譯. -- 初版. -- 臺北市：啟示出版：英屬蓋曼群島商家庭傳媒股份有限公司城邦分公司發行, 2023.04
面；　公分. -- (Soul系列；62)
譯自：Don't Give The Enemy A Seat At Your Table：It's Time To Win The Battle Of Your Mind...
ISBN 978-626-7257-08-1(平裝)

1.CST: 基督徒　2.CST: 靈修　3.CST: 自我實現

244.93　　112003332

Soul系列62
別怕，祂都在：與耶穌一起贏得心靈爭戰，活出你的得勝人生

作　　者／路易．紀里歐（Louie Giglio）
譯　　者／張瓅文
企畫選書人／周品淳
總 編 輯／彭之琬
責任編輯／周品淳

版　　權／吳亭儀、江欣瑜
行銷業務／周佑潔、黃崇華、周佳葳、賴正祐
總 經 理／彭之琬
事業群總經理／黃淑貞
發 行 人／何飛鵬
法律顧問／元禾法律事務所 王子文律法師
出　　版／啟示出版
台北市南港區昆陽街16號4樓
電話：(02) 25007008　傳真：(02)25007759
E-mail:bwp.service@cite.com.tw
發　　行／英屬蓋曼群島商家庭傳媒股份有限公司城邦分公司
台北市南港區昆陽街16號8樓
書虫客服服務專線：02-25007718；25007719
服務時間：週一至週五上午09:30-12:00；下午13:30-17:00
24小時傳真專線：02-25001990；25001991
劃撥帳號：19863813；戶名：書虫股份有限公司
讀者服務信箱：service@readingclub.com.tw
城邦讀書花園：www.cite.com.tw
香港發行所／城邦（香港）出版集團
香港九龍土瓜灣土瓜灣道86號順聯工業大廈6樓A室 E-mail: hkcite@biznetvigator.com
電話：(852) 25086231　傳真：(852) 25789337
馬新發行所／城邦（馬新）出版集團 Cite (M) Sdn Bhd
41, Jalan Radin Anum, Bandar Baru Sri Petaling, 57000 Kuala Lumpur, Malaysia.
Tel：(603)90563833 Fax：(603)90576622 Email：services@cite.my

封面設計／李東記
排　　版／邵麗如
印　　刷／韋懋實業有限公司

■2023年4月6日初版
■2024年7月4日初版2刷
Printed in Taiwan

定價360元

ISBN 978-626-7257-08-1